境秘。道鐵

30座魅力小站╳5種經典樂趣，看見最浪漫的台灣鐵道故事

作者序

期待，台灣鐵道再現風采

楊浩民

讀者們喜歡搭火車嗎？相信你們或多或少都有坐火車的經驗。是不是寒暑假期間，和爸爸媽媽坐自強號回鄉下的外婆家？還是每天趕著搭電聯車上班上學去？台灣的火車已經有一百多年的歷史，陪伴著無數人們成長，而且始終是國內重要的陸上交通工具呢！

可是每個人對火車的觀感就不一致了，你認為火車很擠，坐火車很煩？還是一想到要去坐火車就會興奮個老半天？坐過火車的人雖然很多，可是很喜歡、甚至會去專門研究火車的人就少了。其實坐火車旅行的樂趣無窮，台灣的鐵道美景、歷史文物皆遠非高速公路和高鐵所能比擬。目前坊間雖然有關鐵道的專門書籍還不少，可是卻找不到一本專門介紹鐵道的淺顯入門書。以前台灣書店印行的《中華兒童叢書》中有一本陳啟淦先生寫的《台灣的火車》，這是一本非常理想的兒童鐵道入門，可惜已經隨著台灣書店於民國九十二年歇業而絕版。至於台南大山書店的《火車、鐵路圖鑑》則是日本人竹島紀元所作，並非專門介紹國內鐵道。本書就是簡單介紹台灣的火車和鐵道，希望能增進讀者們對台灣火車的認識，進而樂於搭火車旅行。筆者自己沒有交通工具，因而熟知搭乘公車客運去看火車鐵道的方法，相信值得還不能或不願自己騎機車或開車的讀者們參考，不需大人帶領，假日就可以呼朋引伴一起去研究火車！

筆者在火車上有時會看到小孩子問爸爸媽媽：「那邊一列很漂亮的是什麼火車？」「這是什麼？」可是很多做父母的也都一知半解，支支吾吾答不出來。本書是可以給國中小學生看的鐵道旅行入門，也可以給大人們用來增進自己的知識。把這本書全部吃下去，大概就不會輕易被孩子問倒，甚至在某些場合還可以成為別人眼中的「鐵道專家」喔！

筆者最大的心願，就是使台灣成為「鐵道王國」。這個理想其實早在台灣光復初期就已實現，因為當時雖然還沒有北迴鐵路、南迴鐵路，更無高鐵和捷運，但是因為早年台灣糖業興盛，中南部鄉村地區糖業鐵道分布密集，加上鹽業、礦業、林業鐵道，四者里程合計一度長達三千多公里，相當於現在台鐵營業里程的三倍！可惜的是，隨著糖業、鹽業、礦業、林業的沒落，加上政府和民間都有重視公路而忽視鐵路、重視高鐵和捷運而忽視台鐵和產業鐵道的觀念，又不知愛惜文化財，認為新的、快的，就等於好；舊的、慢的就等於不好，這種迷思之下，產業鐵道以驚人的速度消失。為了提升國人重視鐵道的觀念，絕對有必要向下紮根，讓中小學生也認識台灣鐵道的豐富內涵。

本書初稿完成後，很不幸的，一〇一年底傳出了林口線於十二月三十一日停駛的消息。這是自從八〇年台鐵停駛東勢線之後，二十一年來再次停駛客運支線，也錯過了成為機場快線的機會。因此本書特別加入多張照片以紀念這條四十年來勞苦功高的貨運支線，堪稱是所有鐵道書籍中關於林口線照片最多者，希望讀者能多了解它，衷心期盼它有朝一日像淡水線一樣，能夠浴火重生，風華再現。

本書的寫作目的是多重的，除了介紹鐵道之外，也希望喚起大家重視保存文化財的觀念。此外，筆者也很提倡公車和火車互相搭配的旅遊方式，有關台灣各地公車業者介紹，請參閱拙著《時光客運》一書（秀威資訊科技出版）。鐵道相當符合環保概念，在這個油價不斷上漲，節能減碳成為顯學的年代，希望能為提倡大眾運輸盡一分心力，對環保有所貢獻。

目錄 CONTENTS

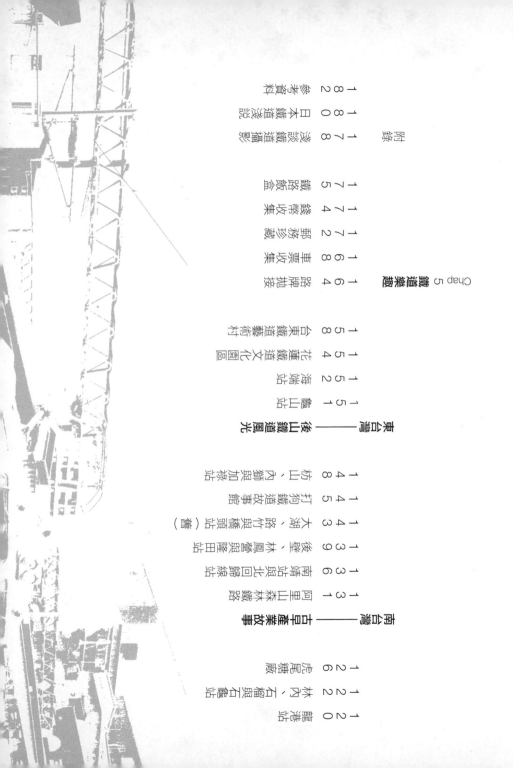

R72
R72

CHAPTER 1

鐵道淺說

台灣的鐵路從劉銘傳時代通車至今，已走過一百二十多個年頭，從騰雲號到普悠瑪，它們為台灣帶來了新的發展，開拓了新的時代。一起乘上時光的列車，回顧台鐵百年風華，看見台灣鐵道的故事。

大家都知道，台灣的第一條鐵路興建於清光緒年間、劉銘傳擔任台灣巡撫任內，光緒十七年，「基隆－台北」段通車，至今已有一百二十多年的歷史，比中華民國的歷史還長！光緒十九年又進一步完成「台北－新竹」段。可惜劉銘傳離職後，接任的邵友濂就沒那麼積極，工事停頓，直到台灣被割讓給日本，才又在日本人手中繼續推動鐵道工程。目前台灣環島鐵路幹線的骨幹，大致就是於日據時代完成的。

●重要奠基期——日據時代

劉銘傳任內雖然興建了「基隆－新竹」段的鐵路，但因為反對者眾，在各界施壓下放棄原本預定經過艋舺（萬華）的路線，改走大稻埕，彎道多、坡度又陡，路線標準不佳，於是日本人把這段鐵路改建，所以後來完成的台鐵環島幹線其實只有北迴線和南迴線這兩段最困難的路線是在台灣光復後新建的。

日本人興建西部幹線是從南北兩端同時向中部施工，中部因為必須穿山越嶺，難度最高所以最後完成。一九〇八年（民國前四年，清光緒三十四年），西部縱貫線通車典禮在台中盛大舉行。此外日本人為了運輸築路材料，還興建了淡水到台北的支線，所以這條支線比縱貫線歷史還早，於一九〇一年（清光緒二十七年）通車。

但是因為中部的坡度仍然很陡，影響行車速率，於是當時的台灣總督明石元二郎決定興建現在的海線，民國十年通車後取得縱貫線主線的地位，原來的路線——也就是後來的山線，改開區間車。但在各界反彈之下，最後又變成長途客車走山線，區間車和貨車走海線至今。日本人又興建了宜蘭線（民國十三年通車）、窄軌台東線（民國十五年通車）、屏東線（民國三十年通車），以及平溪線、集集線、新店線、東港線等支線。

日據時代興建的鐵路極多，除了環島幹線外，也有不少產業鐵道。從一九〇九到一九四二年，完成三千零二十四公里。這些產業鐵道以糖業鐵道為主，也有礦業、鹽業、林業鐵道，平溪線本身就是礦業鐵道，著名的阿里山森林鐵路也是日據時代興建的。

光復後，打通任督二脈

台灣光復後，最重要的鐵路工程就是十大建設的北迴鐵路和西部幹線電氣化。北迴線於六十九年全線通車，從此東西幹線終於連成一氣。台鐵又引進電力機車和自強號電聯車取代以前的柴電機車和柴油客車，這也是台鐵車輛史的一大革新。七十一年「台東—花蓮」的窄軌拓寬成和西部幹線相同的軌距，從此火車可以一路從台北直通台東。環島幹線的最後一塊拼圖就是南迴線，八〇年通車，距離劉銘傳時代的「基隆—台北」段通車花了整整一百年時間，台鐵環島幹線終於完成了。此外還有內灣線、神岡線、東勢線、中和線、林口線、深澳線等支線也都是光復後興建的。

產業鐵道在光復後也繼續興建，最重要者有台糖的「南北平行預備線」，這是將各糖廠的既有路線連接成的戰備鐵道，從台中到高雄，萬一台鐵縱貫線遭到破壞，預備線即可派上用場。台糖鐵路早期也是台灣中南部重要的交通工具，全盛時期里程多達台鐵的三倍，但後來公路運輸逐漸發達，產業鐵道急速萎縮，逐漸停辦客運。民國七十一年，台糖最後一條客運路線——北港線，也跟著停辦，最終走向停駛拆除的命運。（台鹽最後一條鐵道布袋線則在八十四年走入歷史）

其實這些台糖鐵路許多都是東西橫向的，例如「斗南—虎尾—台西」、「員林—溪湖—鹿港」、「隆田—麻豆—佳

鐵道豆知識

經過日本人的重新規劃，「基隆—新竹」段的新、舊線之間差異不少，一個明顯例子就是不再經過老湖口（現在省道台一線的湖口老街），而改經現在的湖口車站，導致湖口老街沒落，不如現在的新湖口興盛，由此可證：鐵路能給地方帶來繁榮，而非阻礙地方發展。

里」、「玉井－左鎮－善化」、「新營－鹽水－義竹」等，正好可以彌補台鐵縱貫線的不足，但是長期以來政府採用美式大公路主義的思維，重視公路而輕視鐵路，很多鐵道都因為公路工程而遭拆除，造成產業鐵道急速消失，非常可惜。

當代發展與未來展望

七十年代以後的鐵路工程以改善舊路線為主，重要者有民國七十八年通車的台北鐵路地下化，之後又往板橋和南港延伸，還有新山線工程、屏東線和東部幹線電氣化等。還有局部地區的截彎取直、汐止和員林地區高架化等較小工程，目前正進行中的工程主要有台中和桃園高架化、台南和高雄地下化、南迴線電氣化等，新路線只有沙崙線和六家線兩條支線。

隨著民國六十七年高速公路通車和公路局國光號上路營運，票價便宜速度又快，對台鐵造成很大的衝擊，許多人從此改走高速公路而不再搭火車。台鐵的貨運衰退也很嚴重，不敵卡車競爭，只剩下中油和台電、水泥廠等大客戶，但是深澳發電廠和林口發電廠也都不再以鐵路運煤，台鐵只好停辦這兩線的貨運。九十五年台灣高速鐵路也通車，台鐵的營運再次受到影響，因為政府高層重視高鐵而輕視台鐵，台鐵只好讓出長途市場而變成捷運化，不斷增設車站，以都會區短程通勤為主。北宜高速公路通車之後，台鐵的優勢就只剩下還沒有高速公路並行的北迴線、南迴線和花東線了。近年台鐵又引進傾斜式列車和新型的通勤電聯車，期待大家能更重視鐵道，台鐵這家百年老店能風華再現。

近年新設與消失的車站

台鐵目前正在推展「台鐵捷運化」，也就是在都會區增設車站，增加區間車班次，縮短班距和站距以便利民眾搭乘，這些新車站許多都不是以地名作為站名。此外還有與高鐵共構的，因此近年來出現許多新車站：基隆的三坑、百福、板橋的浮洲、樹林的南樹林、汐止的汐科、新竹的北湖和北新竹、台中的太原、大慶、新烏日、嘉義的嘉北、彰化的大村、台南的大橋、南科、仁德、高雄的新左營。

捷運化的好處是可以讓更多城市居民搭車方便，缺點就是因為通勤電車各站皆停，所以火車會越走越慢。

車站會消失的最主要原因是路線廢除，其次是因為業績不佳而被裁撤。例如好幾條支線被停駛拆除，這些支線車站當然都沒了。花東線拓寬時，新線和舊線不同，舊線的一些車站就從此消失。至於環島幹線上近年來消失的車站有：舊山線的勝興、北迴線的永春、屏東線的建興、花東線的干城、溪口、瑞北、大禹、安通、月美、馬蘭、台東（舊站）、南迴線的香蘭、三和。

西部縱貫線也有被裁撤的車站，例如北回歸線、高雄一帶的三塊厝、鼓山、高雄港等。其中除了三塊厝之外都是貨運車站，而規模最大、意義最特殊的是高雄港站。該站原本是西部縱貫線的終點，也是高雄最早的火車站，現在的高雄車站旁邊那個「老」高雄火車站是後來建的。民國三十年，日本人在現在的高雄車站處另建車站，並命名為高雄站，專辦客運；而原本在現在的捷運西子灣站附近的高雄站則改稱為高雄港站，專辦貨運。民國九十七年高雄港站裁撤後變成「打狗故事館」，站房、月台、軌道都還在。而目前為推行「台鐵捷運化」，鼓山、三塊厝都會復站，而北回歸線站也有地方人士主張恢復。

台灣鐵路大事紀

年代	西元	大事	備註
清光緒十三年	1887	台灣巡撫劉銘傳於台北設立「全台鐵路商務總局」，開始興建「基隆—台北」段鐵路	隔年，「台北—新竹」段也開始興建
清光緒十七年	1891	「基隆—台北」段通車	劉銘傳去職，邵友濂以財政困難為由，奏請終止台灣鐵路的興建
清光緒十九年	1893	「台北—新竹」段通車	
清光緒二十一年	1895	台灣割讓，進入日據時代	興建縱貫鐵路被日本政府列為首要的施政計畫
日本明治三十一年	1898	縱貫鐵路開始興建，從南北兩端同時動工	
日本明治三十二年	1899	台灣總督府交通局鐵道部成立	即今台灣鐵路管理局的前身
日本明治三十四年	1901	台鐵淡水線通車	淡水線於一九八八年廢止，路基大多改建為如今的台北捷運淡水線
日本明治四十一年	1908	縱貫線山線貫通，通車典禮在台中盛大舉行	
日本大正元年	1912	阿里山森林鐵道「竹崎—二萬平」段完工	其後路線持續延展，一九二〇年正式載客
日本大正十一年	1922	海線通車，取代山線成為縱貫線主線	
日本大正十三年	1924	宜蘭線通車	
日本昭和元年	1926	台東線（窄軌）通車	
日本昭和十六年	1941	屏東線通車	
民國三十四年	1945	台灣光復	光復前，日本已完成平溪、集集、新店、東港等多條支線

- 民國三十七年 1948：成立台灣鐵路管理局
- 民國四十九年 1960：R20型柴油電氣機車加入縱貫線營運，台灣鐵路由蒸汽動力時代進入柴油動力時代
- 民國五十九年 1970：台鐵局加入國際鐵路聯盟；莒光號開始營運
- 民國六十七年 1978：自強號開始營運
- 民國六十八年 1979：西部幹線電氣化完工，邁入電氣化時代
- 民國六十九年 1980：北迴線全線通車；復興號開始營運
- 民國七十一年 1982：台東線軌距拓寬完工
- 民國七十八年 1989：台北鐵路地下化，首段路段完工
- 民國八十年 1991：南迴線通車，完成環島鐵路網
- 民國九十四年 2005：新十大建設啟動，開始「台鐵捷運化」

  以改善其西部幹線路段中短途運輸為主要目的
- 民國九十六年 2007：太魯閣號開始營運

  同年，台灣高速鐵路也正式通車營運
- 民國一〇〇年 2011：配合高鐵轉乘，沙崙線、六家線通車
- 民國一〇二年 2013：普悠瑪號開始營運
- 民國一〇四年 2015：花東鐵路電氣化全線工程完工

台鐵客車種類

小小車廂，裝滿鄉愁、旅情與回憶

台鐵的客車有對號車與非對號車兩大類，前者指購票時可於車票上載明指定之車次與座位，後者則否，車票並不指定車次，乘客上車後要自己找地方坐。對號車又有自強號、莒光號、復興號三種，非對號車又有區間車和普快車兩種。不過事實上，這是目前台鐵簡化車種後的稱呼，本書還是按照以前的說法，把區間車分成冷氣柴客和通勤電聯車，普快車分成普通車、平快車和柴油快車來介紹。

●台鐵最高級列車——自強號

自強號得名自先總統蔣公〈告全國軍民同胞書〉中「莊敬自強，處變不驚」一句，是目前台鐵最高級的車種，速度最快，停靠站最少，票價也最昂貴。它又分為自強號電聯車、柴聯自強號、推拉式自強號、太魯閣號和普悠瑪號。

自強號電聯車：自強號出現於西部幹線電氣化完工後，當時台鐵從英國引進了第一代的自強號電聯車，稱作EMU100型，民國六十八年開始營運，成為台鐵的最高級列車直到今日。影響所及，後來連台北的冷氣公車也叫做「自強公車」。它以五節車廂為一組，行駛於電氣化路段，前面不需要接火車頭即可行駛。和電氣機車一樣，在南迴線是看不到它的。後來又出現了一組三節的EMU200和EMU300，造型相當高雅大方。

現在要看到這些自強號電聯車已經越來越難了，因為它們已經逐漸被推拉式自強號取代，想一睹其蹤跡的人可以去看看西部幹線中沒有殘障專用座位和可攜帶自行車標記的車次。

柴聯自強號：此種自強號專門行駛於東部幹線和屏東線、南迴線等非電化區間。年代略晚於自強號電聯車，民國七十一年加入營運。全為日本製造，一組三節，也不需要機車頭，銀白色的車身加上黃色、橘色的

改造過的自強號電聯車，稱為EMU1200，固定九節行

2

1

3

線條，非常漂亮，車廂中間有一道拱門，裡面有排煙管。它又可以分成DR2800、DR2900、DR3000、DR3100四種，其中DR3100和前三者差別較大，車門較寬且車廂中間無拱門。DR2900和DR3000常混合編組行駛。

筆者個人認為台鐵最漂亮的車種即是柴聯自強號，金光閃閃，銳氣千條，和藍皮普通車同為筆者最愛的車種。不過喜歡它的人動作要快點了，因為東部幹線電氣化之後，行駛東部幹線的柴聯自強號逐漸被推拉式自強號取代，尤其現在更是完全被太魯閣號和普悠瑪號搶走了風采。花東線電氣化工程又於二〇一三年完工，柴聯自強號就被逐漸取代而消失了。

推拉式自強號（PP）：這是目前台鐵自強號的主力，從民國八十五年開始上路營運，也是行駛於電氣化區間。此型車的第十二節車廂會改造成單車停放處以方便乘客攜帶單車。

太魯閣號：從民國九十六年五月起上路，也是台灣首度出現傾斜式列車，專門行駛於東部幹線，一列車有八節。此型車輛也是日本製造，座位寬敞，擁有閱讀燈、隱藏式寫字台等不輸給高鐵的豪華設備，缺點是車窗面積小，視野不佳，沒有腳踏板，編組不如一組三節的柴聯自強號來得靈活。轉彎時不必減速是其特色，因此能夠提升行車速率，台北到花蓮只需不到兩個小時，可以比其他自強號節省四十五分鐘以上。

普悠瑪號：這是台鐵目前最新型的自強號，普悠瑪號是因應花東線電氣化完工後增加班次而向日本採購的新車，也是自強號的一種，台鐵稱之為「新自強號」，類似太魯閣號，同為一列八節的傾斜式列車，不發售無座票，車上有四人對坐餐桌椅、育嬰室等新設施。

太魯閣號和普悠瑪號嚴格說來並不能算是獨立的新車種，因為它的票價比照自強號，而沒有自己的專屬費率，甚至於台鐵的時刻表、車身上的電子字幕也都還是寫自強號，只是在備註欄上寫出這是太魯閣號或新自強號列車。傾斜式列車的車身搖晃較劇烈，容易暈車的旅客不適合搭乘，所以不發售無座票，亦不供應茶水。為了避免乘客一窩蜂搶搭傾斜式列車，

①DR3000型 ②台鐵史上最早的自強號EMU100 ③推拉式自強號 ④太魯閣號

2
1
車
座號
1-17

1

4

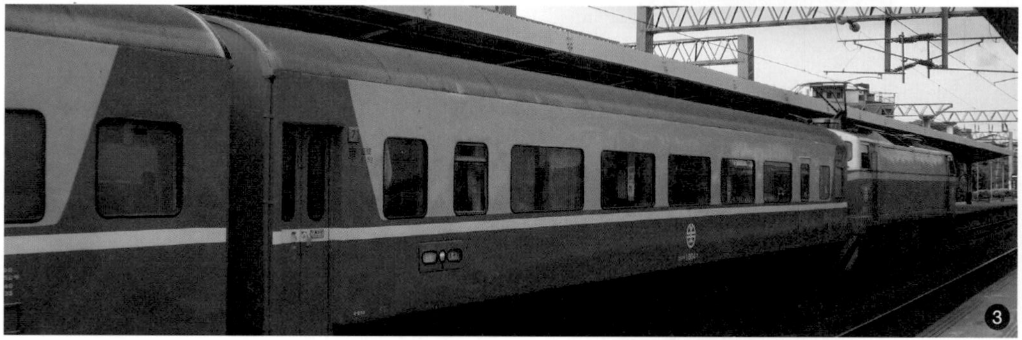
3

6
1
車
E234
後端

5

台鐵一〇三年把柴聯自強號降價以吸引乘客。

●現存最早對號快車——莒光號

得名自「毋忘在莒」與「光復大陸」的莒光號，是票價、速度僅次於自強號的高級列車，也是台鐵現有的對號快車當中出現年代最早的，早在民國五十九年二月就已推出。車廂是橘色的，有很多都是民國六十八年左右由唐榮工廠打造，但是也有少數新造的車廂。舊式車廂只有一端有門，必須用手推拉往內摺起，冷氣裝在車廂的一端。而新式車廂擁有電子字幕和電動式車門等新式設備，兩端都有門，可加快上下車的速度，車窗有褐色玻璃，冷氣則裝在車頂上。

●車如其名——復興號

一度於民國九十九年底走進歷史，又重出江湖的復興號出現於六十九年，其前身是和莒光號混合編組的「莒興號」。車廂和莒光號相近，也多為唐榮製造，漆成淺藍色。內部和莒光號最大的差別在於莒光號的座椅是絨布的，而復興號的是綠色膠皮。復興號和莒光號都只有車廂，本身沒有動力和駕駛室，所以必須加上機車頭才能行駛。

在台鐵大量引進推拉式自強號之前，復興號也曾經是主力車種。此外，有些復興號的車廂被當做區間車行駛於非電化區間。復興號班次越來越少，想體驗的讀者必須把握最後機會。

●短程好幫手——區間車

原本台鐵的短程運輸是以普通車和柴油快車為主，由於它們的車廂沒有冷氣而且老舊，台鐵於是引進通勤電聯車以取代普通車和柴油快車。

通勤電聯車：首先出現的是民國七十九年從南非進口的EMU400型電聯車，行駛於基隆－新竹間，之後又引進EMU500、EMU600，目前已經遍佈於所有電氣化區間。其票價比照復興號，各站皆停。座位都是

①莒光號的絨布座椅 ②新式車廂的莒光號 ③舊式車廂的莒光號 ④普悠瑪號 ⑤復興號的膠皮座椅 ⑥淺藍色的復興號

1

2

3

4

長條型，一組四節，EMU400的車廂一側只有兩個門，而EMU500、EMU600則有三個門，兩者外觀相當接近。

EMU700電聯車則於九十六年八月上路，初期行駛「新竹－花蓮」間，俗稱「阿福號」，其座椅類似台北捷運。目前最新的則是一〇二年引進台灣的EMU800，和EMU700都是八節編組，俗稱「微笑號」，從一〇三年一月一日起上路營運。

區間快車：這是民國九十五年十一月開始出現的新選擇，由於通勤電車各站皆停速度較慢，台鐵推出一種只停靠比較大的車站的區間車，票價也是比照復興號。初期為了避免和通勤電車混淆，經常是用莒光號的車廂來跑，只是不對號（事實上，更早之前的柴快也是只停大站的非對號列車，還有些平快也不停小站，這些應該可說是區間快車的前身）。不過莒光號和復興號的車廂只有一端有門，尖峰時間難以讓大量乘客迅速上下車，其實不適合當做短程通勤列車使用。後來EMU700型電聯車上路後，這種情況逐漸消失。

為了對抗北宜高的國道客運，台鐵還曾經推出一種停靠站比自強號還少的區間快車，「花蓮－松山」之間只停羅東、宜蘭、福隆三站，不到三小時。可惜目前只行駛於「宜蘭－花蓮」間。

冷氣柴客：這是民國八十七年以後用來取代支線柴油客車的新式冷氣柴油客車，塗裝和柴聯自強號相同，外型和DR3100極為類似，但是單節即可行駛，每節車廂的兩端都有駕駛室，票價也是比照復興號。

●往日的遺跡──普快車

普快車是民國九十五年時，由普通車與平快車兩種無空調列車合併而成。近年來隨著台鐵採購通勤電聯車、實施台鐵捷運化等政策，普快車的班次已減少許多，保留行駛的多少有留存文化資產的意味在，目前主要僅行駛於南迴線上。

①EMU400型 ②EMU800型 ③冷氣柴客外部 ④冷氣柴客內裝

1

4

3

6

5

普通車：台鐵的所有車種中，年代最長，最能引起懷舊情緒的車種非此莫屬。塗裝為深藍色，中間一條白線，窗子可以上下開關，沒有冷氣，只有電扇。車門有電動式和手推式兩種，座椅則是「非」字型和長條型兼有。自從台鐵引進通勤電車後，普通車已經從西部幹線完全消失，宜蘭線、北迴線電氣化完成後，普通車的舞台也被電聯車搶走，一〇三年花東線電氣化完成後，普通車僅存於南迴線雙向每天各一班。

雖然夏天坐普通車很熱，打開窗子又會吹亂頭髮，可是坐普通車的樂趣，就在於各站皆停，慢慢地走，讓你更能深入觀察小站特有的風情和濃郁的人情味。通勤電車雖然也是各站皆停，可是窗子不能打開，聞不到青草和泥土的芬芳，又是背對窗戶而坐，遠不如普通車迷人。知名作家劉克襄先生也曾撰文指出：這一跟庶民生活息息相關的交通工具，其實很值得推廣為觀光用懷舊火車，在適當的路線定期行駛，帶來新的觀光內涵。

平快車：平快車和普通車很類似，票價、車廂都相同。差別只在於平快車是長途車（例如「松山—高雄」），不停靠某些小站；普通車則區間較短（例如「二水—基隆」），各站皆停。沒冷氣的平快車，命運和普通車一樣，已經銷聲匿跡了。

冷氣平快：這是一種改造車輛，票價同普通車。這些車輛的塗裝都和復興號相同，但是走進車內仔細觀察還是很像普通車。座椅維持原狀，窗子封死，電風扇拆除，不過開關還在，沒有窗簾也沒有置杯架，無茶水供應，冷氣裝在車頂，而且還挺強的。如果想花普通車的車資享受冷氣，可以搭這種車。冷氣平快也已經被電聯車取代。屏東線的普通車被淘汰後曾經以這種車廂取代，後來又用復興號車廂當作區間車。它和復興號外觀的最大區別在於冷氣平快的窗子比復興號小得多。

柴油快車：柴油快車的前身大有來頭，就是在民國五十五年十月三十一日，先總統　蔣公八十大壽出現的「光華號」快車。當時創下台北、高雄間只需四小時四十分的新紀錄，比起現在的自強號、莒光號毫不遜色。此型車輛型號為DR2700，和DR2800的柴聯自強號外觀相近，黃

①綜合式座椅　②電動式車門　③手推式車門　④長條型座椅　⑤此種座椅較少見，要換方向時不是一百八十度旋轉，而是把椅背沿水平方向往前推，椅背會變成椅面，原來的椅面會變成椅背　⑥外表與復興號無異的冷氣平快

1

2

3

4

鐵道豆知識

盲腸線可不是割盲腸後的縫合線，而是指原幹線終端因與新建幹線連接點不同，而形成的如盲腸一樣的小型突出路線，常發生在港口城市，像是「基隆—八堵」，「蘇澳新站—蘇澳」。

色車頭，銀灰色車身，車廂內也有圓拱門，不過沒有冷氣。台鐵引進自強號後，光華號的車種取消，但是名亡實存，只是被當作不對號的柴油快車行駛於北部短程區間，「基隆—松山」之間各站經常都不停靠，反倒是許多現在的自強號、莒光號還會停八堵，甚至七堵、汐止、南港。

到了民國七十九年出現通勤電車後，柴快改跑「台中—斗六」，之後又到花東線養老，南迴線也有它的蹤影。由於它的車齡已接近五十年，相當老舊，已經於一〇三年七月隨著花東線電氣化而退役。

柴油客車：這是之前台鐵用來行駛於各支線和盲腸線（「基隆—八堵」，「蘇澳新站—蘇澳」）的客車，塗裝和普通車相同，也是只有電風扇，窗子可以上下開關。海線以前也有一些短程車是使用它，現在各支線皆已改用冷氣柴客。不過，桃園市政府曾和台鐵合作，九十四年底在林口支線試辦客運，就用過一種比較新型的柴油客車，稱做DR2510型。車廂中間的拱門和其它柴油車形狀不同，呈倒U字形而非圓形。

列車的心臟——機車頭

前面介紹了多種台鐵列車，但光靠那些車廂，可是無法營運載客的，還必須搭配機車頭才行。機車頭即俗稱的火車頭，用來牽引本身無動力的車廂，客貨列車都能用。早期的蒸汽火車頭已經停用，現在的火車頭主要有柴電機車、電力機車兩種。另外還有一種很少見的柴液機車。

電力機車：一般人印象中最典型的火車頭，除了蒸汽車頭之外就是此型。車頭上有個E開頭的數字。這是目前台灣最常見的火車頭，行駛於電氣化路段，南迴線因為尚未電氣化，所以看不到它的蹤影。電力機車的噪音小，行車速率也快，可是

①銀灰色車頭的柴快 ②柴油快車外觀 ③柴油快車內裝 ④DR2510型外觀

1

2

3

4

不能在非電氣化路段行駛，所以萬一遇到戰爭破壞，電車線故障或停電，就英雄無用武之地了。

鐵路電氣化是我國「十大建設」之一，所以大約民國七十年前後，當時政府大力宣傳三民主義模範省、反攻大陸復興基地寶島台灣的建設成果，此型電力機車就經常出現在各種宣傳海報甚至郵票圖案中。

柴電機車：此種機車頭可以行駛於非電氣化路段，開動時轟隆作響，地面震動，相當有震撼力。車頭前面會有個R開頭的數字（少部分是S）。目前雖然車齡老舊，平均超過四十年，不過台鐵目前仍有許多非電氣化路段，加上之前提到過，電氣化路段停電或電線故障時即無法行駛電力機車，所以這些柴電機車短期內還不會退休。聽說它們還是許多台鐵駕駛員的最愛呢！

柴電機車頭如果接的是莒光號或復興號這種有空調的車廂時，還必須加掛一節電源車。讀者如果搭乘跨越電化和非電化區間的莒光號，說不定就能看到更換機車頭的作業情形。例如花東線電氣化完工前，從台北開往台東的莒光號，本來用電力機車頭，開到花蓮時會改用柴電機車頭。此時會停靠比較久的時間，而且車內燈光會熄滅，冷氣停止。若有機會不妨下車看看！

其實台鐵現在還有能行駛的老蒸汽機車頭唷，就是CK124號，相當有名，在台鐵舉辦某些特殊活動時就有機會看到它亮相。

①看到火車頭編號以R或S開頭，就知道是柴電機車了 ②火車頭上的E字，正是電力機車的代表 ③傳說中的CK124號 ④舊山線復駛時的柴電機車

軌道與其他相關設施

不起眼卻又不可或缺

機車頭決定了火車的動力，車廂決定了火車的承載量，但一輛列車最終能行駛到何方，還要取決於它輪子底下那不起眼的軌道。同樣不起眼的，還有許多軌道旁的鐵道建築，它們都是可都是鐵道文化中不可或缺的一員。

●千里之行，始於「輪」下——軌道基本構成

軌道也是構成整個鐵路系統的重要一環。它的主要部分有三：鋼軌、道碴、軌枕。

一般人常稱鋼軌為鐵軌，事實上那都是鋼製的，所以稱做鋼軌比較正確。鋼軌的主要功用當然就是讓車輪在上面行駛。橫截面呈「工」字形，兩條平行鋼軌之間的距離稱做軌距。台鐵的軌距是一點零六七公尺，台糖鐵道、阿里山森林鐵路都是零點七六二公尺，而捷運和高鐵使用國際標準軌距，一點四三五公尺。

軌枕常被叫做「枕木」，早期的軌枕確實多為木製，但是現已多改用水泥製，所以叫軌枕比較適當。它的主要作用是讓兩條鋼軌之間保持一定距離，並且使車輛的重量傳到道碴和路基。

道碴一般而言就是鋪在軌道上的小石頭。它們的功用是均勻分散來自車輛的壓力，排水，減少行駛時的震動和噪音。

●停看聽，要當心——平交道

小學的交通安全課程都會告訴我們，經過平交道要「停、看、聽」，不過現在台北的小學生恐怕很多人根本沒看過平交道。因為台北鐵路早已地下化，又向兩端逐漸延伸，而現在其他西部的城市也都在進行高架化或地下化的工程，不然就是用陸橋或地下道變成立體交叉，所以要看到平交

4

1

3

2

①基隆成功一路的有人看守平交道，列行進方向為由左至右

②林口發電廠門口的轉轍器最後一次扳讓運煤車駛入，新聞媒體也趕來採訪

③轉轍器

④林口線上的專用平交道，和一般的平道外觀和警報聲都不同

2

3

1

道已經越來越不容易了，有「看柵工」的平交道更是難得一見，如果有機會經過平交道，又剛好被火車擋下，不妨注意觀察看看，這些平交道之間有無異同之處？

當然，各種號誌、轉轍器（在分岔處控制列車行駛方向之用）也都是鐵路的一部分，如果是電化鐵路，電車線也很重要。平交道的組成又有遮斷機（活動柵門）、三角形警告標誌、會噹噹作響的警報器，重要的平交道還有看柵工，在小屋門口拿著小旗子揮舞，通常用白旗，要求停車時用紅旗。

●鐵道上的古早紅綠燈——臂木號誌機

火車號誌的種類多且複雜，進入機械式信號時代後最早出現的一種，當屬臂木號誌機。機體由長柱與臂木（柱子上方的木板）構成，當紅白兩色橫條與號誌桿呈九十度表示「險阻」，不能開車；下垂四十五度則表示「平安」，可以前行。

以十分站為例，平溪線上的列車都在此交會，當從菁桐開往三貂嶺的上行列車看見十分站外下垂四十五度的臂木號誌，即可開入站內；上行列車進站後，車站人員會扳動「下出」的號誌閘柄，使下行出站的臂木號誌機呈現「平安」，原先在站內的下行列車才能開往菁桐。

①平溪線上行列車駛入十分站（車行方向為朝向鏡頭） ②高雄港鐵道的號誌閘柄 ③車站人員扳動號誌閘柄 ④高雄港鐵道的臂木號誌機，地面上的滑輪和鋼纜，用以連結號誌機和閘柄

●被埋沒的故事寶盒——鐵路相關設施

除了火車站之外，鐵道有許多設施研究起來也很有趣。有的已經停用閒置，其實也都是文化資產，埋沒在荒煙蔓草間實在可惜。

早期鐵路貨運興盛時，辦理貨運的車站附近都有一些鐵路倉庫、鐵路穀倉，還有貨運服務站等。可是隨著貨運衰退，現在這些倉庫多半閒置，大門深鎖。

貨物月台或汽車月台比旅客月台短，這是因為貨物本身不會移動，不像旅客可以自己走，所以貨物都是集中在一地，讓列車開動來裝卸貨物。社頭站旁邊的「同仁社」，是日據時代的鐵路業務辦公室，造型古樸的老建築，如今結合地方產業文化，作為台灣織襪文物館使用。水上站旁邊則有鐵路貨運承攬公司。

桃園車站南端東側有個以前蒸汽機車用的加水塔和加煤台，可惜已經完全荒廢，反倒不如早已遭拆除的神岡線上有一個保存狀況良好者，車埕站也有一個，其右方的兩層建築為從竹南站搬來的號誌樓，基隆站亦有號誌樓。

搭火車時不妨注意一下這些不起眼的相關設施，了解其背景和用途，也許還可以聽到台鐵員工說故事呢！

①基隆站的號誌樓 ②貨物月台 ③員林站的鐵路穀倉 ④善化站的鐵路穀倉 ⑤林口線海邊的軍事碉堡，是早年台海局勢緊張時的產物 ⑥社頭站旁的「同仁社」

平交道名稱：深興坑路
里程：K1+780
緊急電話：0800 800 333

CHAPTER 2

全台鐵道客運路線

台鐵將現行營運路線，劃分為幹線與客、貨運支線等，這些環繞全台的軌道，串起了台灣往日的經濟，更串起了異地之間的綿密情誼。

台鐵環島幹線

環繞全台的運輸生命線

目前台鐵有西部幹線、東部幹線以及南迴線，共三條核心營運路線，形成了環繞全台的環島鐵路網。西部幹線包括縱貫線與屏東線；其中縱貫線內又囊括了：縱貫線北段、台中線（山線）、海岸線（海線）、成追線、縱貫線南段等區域分段。東部幹線則包含宜蘭線、北迴線、台東線。

●縱貫線（基隆—高雄）

縱貫線是台灣鐵路的最重要幹線，興建年代最早。其中「基隆—新竹」段在劉銘傳任台灣巡撫時就已完成，這是台灣鐵路的始祖。不過目前的路線是日據時代改建的，最大的差異在於把原本經過三重、新莊、龜山往桃園的路線改成由板橋、樹林、鶯歌到桃園。「竹南—彰化」間分成山線和海線，因為中部第一大城台中在山線，所以大多數列車都是走山線，海線班次較少。

山線又有新舊之分。新山線是把舊山線截彎取直改善而成，並且廢除勝興站，遷建泰安站（苗栗山區雖然有泰安鄉，卻與台鐵泰安站無關，鐵路並未經過泰安鄉），於民國八十七年完工通車。新山線雖然可以加快行車速率，可是卻少了勝興木造的老站房、龍騰斷橋和泰安震災紀念碑的地震史跡、匾額題字的老隧道、大甲溪和大安溪兩座花梁式鐵橋，也沒了鯉魚潭水庫附近的幽靜山谷。

舊山線全長二十三點六公里，而九十九年台鐵復駛的舊山線列車只行駛於「三義—泰安」這十三點六公里，「泰安—豐原」這十公里仍遙遙無期。「后里—豐原」段現在已經被拆掉鐵軌改成自行車道。希望舊山線能夠當作觀光支線，甚至備用鐵路來復駛，相信它的吸引力絕對不輸給集集線、內灣線或平溪線。

至於新山線泰安附近的高架路段則是舊山線所無，值得一看。目前縱

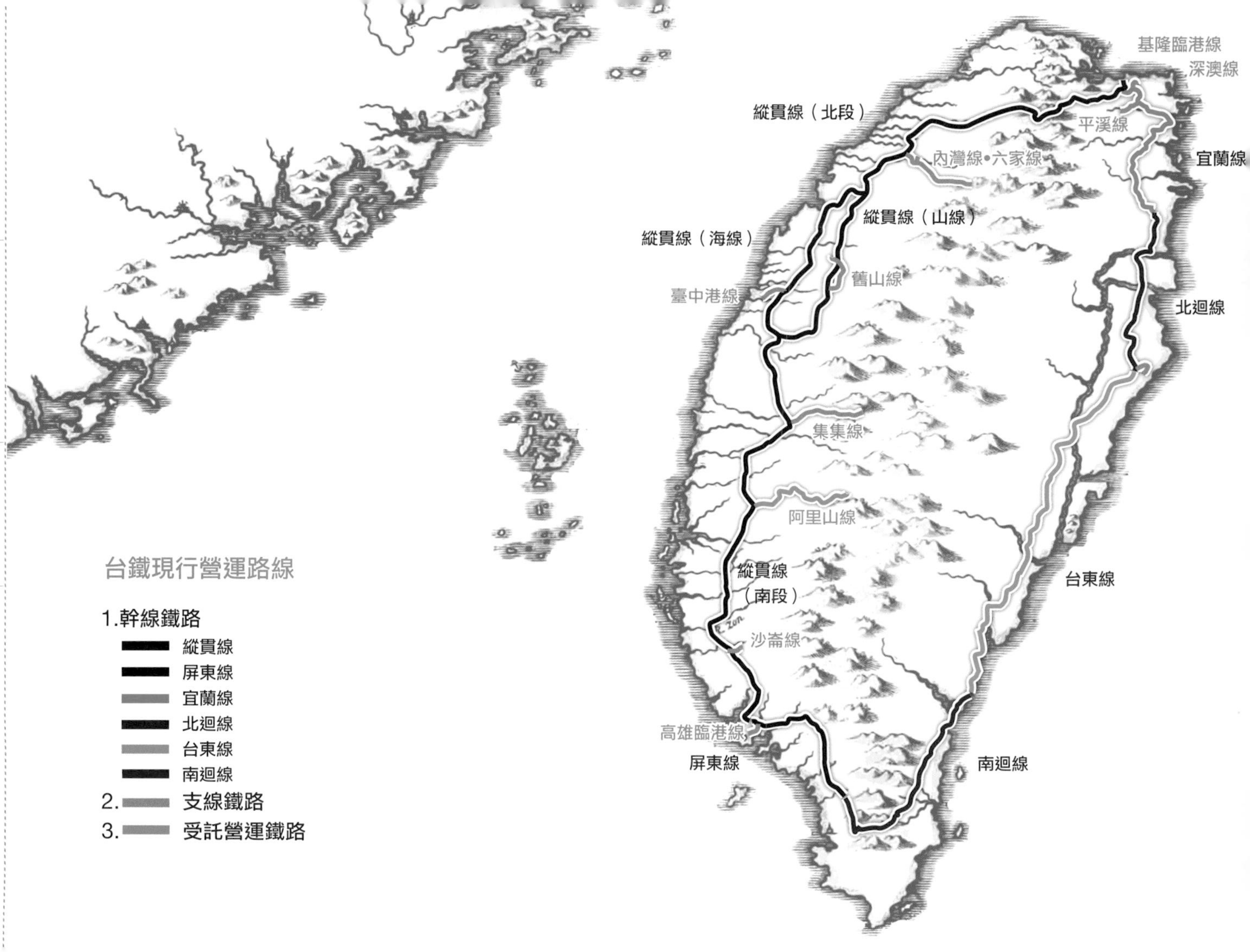
台鐵現行營運路線
1.幹線鐵路
縱貫線
屏東線
宜蘭線
北迴線
台東線
南迴線
2. 支線鐵路
3. 受託營運鐵路
基隆臨港線
深澳線
縱貫線（北段）
平溪線
宜蘭線
內灣線•六家線
縱貫線（山線）
縱貫線（海線）
舊山線
臺中港線
北迴線
集集線
阿里山線
縱貫線
（南段）
台東線
沙崙線
高雄臨港線
屏東線
南迴線

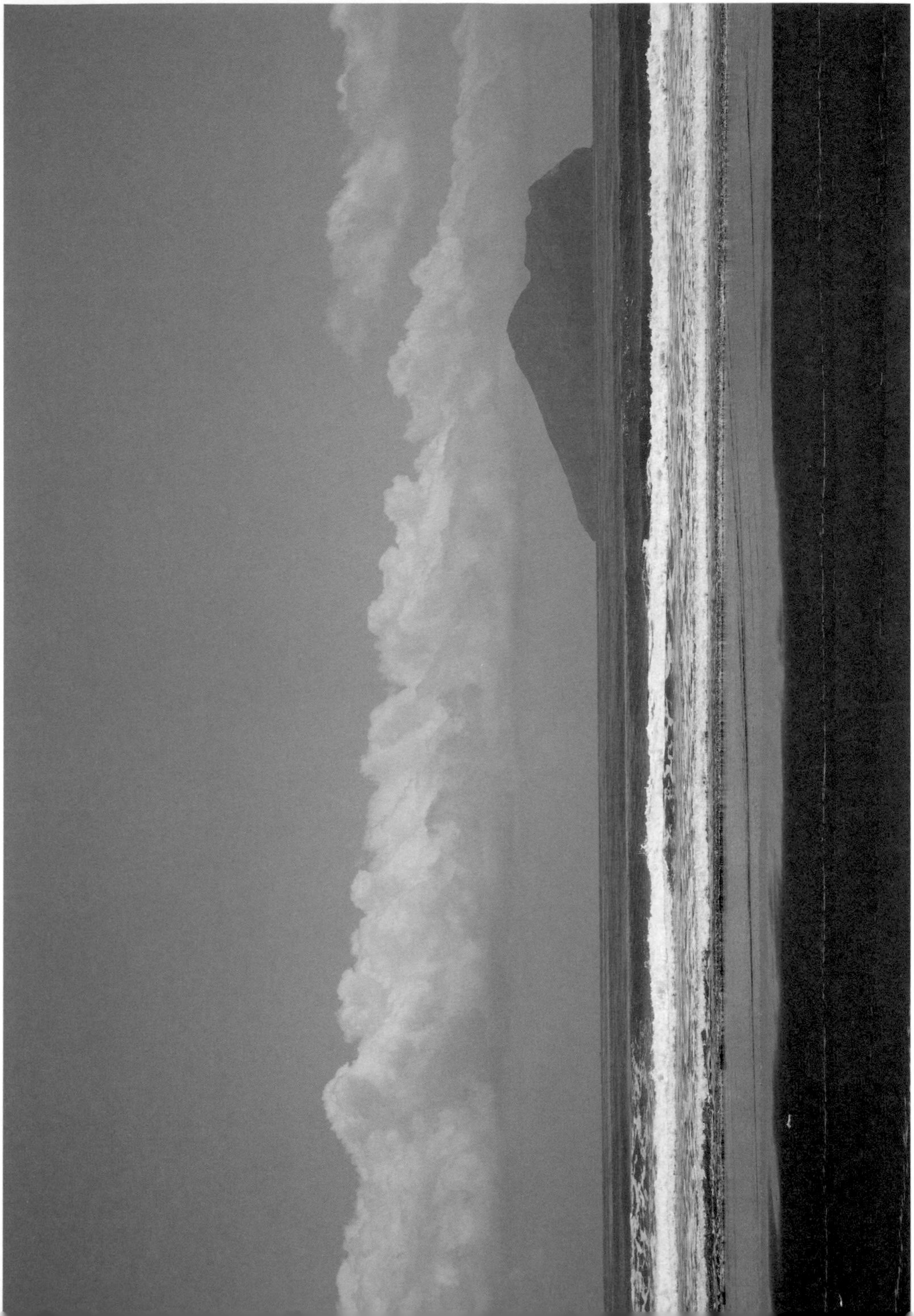

貫線除了海線有部分單軌區間以外，都是雙軌電氣化。因為年代最早，老車站、老古董等文化財也特別多。

因為地形限制，縱貫線並不是一路從北到南，有時也有路線轉彎的路段，最明顯的例子是「鶯歌－桃園」這一段。細心的乘客會發現，火車經過這裡時，本來曬太陽與不曬太陽的兩側會互換，就是因為這裡有個大轉彎，南下的火車變成向北方行駛。

●屏東線（高雄－枋寮）

屏東線最早是從一九〇八年通車的鳳山支線（打狗－九曲堂）發展而來，隨著路線終點的變更，陸續改為屏東線、潮州線、溪州線等名稱，直到全線通車後才定名為屏東線。

路線規劃上，從高雄彎向內陸，經過屏東往枋寮，沿線景觀多是農田、魚塭，從屏東站往南至潮州都已高架化。潮州站是目前西部幹線雙軌電氣化的終點，潮州以南仍是單軌非電化區間。

●成追線（成功－追分）

成追線是連接海線的追分站到山線的成功站的一小段鐵路，火車可以不到彰化而跨越山線與海線。經過成追線的區間車雖然班次不多，卻是海線地區往返台中的另一個選擇。兩端站名「追分－成功」，帶有祝福考生高分上榜的吉祥涵義，而「分」字諧音「婚」，故也有情侶拿來當成求婚的護身符。因為這些原因，使得「追分成功」的車票始終是台鐵的熱賣商品。

台鐵推出行駛成追線的列車是很晚的事，以民國八十二年以前的列車時刻表為例，裡面是沒有成追線列車的。所以除了當地人之外，知道成追線的存在的人並不多。不過以前從台北南下到成功嶺的大專男生集訓入營專車卻似乎經常走成追線，筆者第一次發現成追線的存在就是在民國八十四年考取大學參加成功嶺大專暑訓時。當時心裡正在奇怪，成功站不是在山線嗎？怎麼火車走的是海線？

右圖：途經宜蘭縣「石城－龜山」段，天氣晴朗時能一眼望見龜山島，令人興奮（攝影：楊志雄）

●宜蘭線（八堵—蘇澳）

從八堵和西部幹線分歧，經過東北角海岸，貫穿蘭陽平原，和北迴線都已完成雙軌電氣化。天氣好時可以從石城、龜山之間看到龜山島。這是宜蘭人的精神堡壘，看到它就表示已經在宜蘭縣境了。小朋友們如果看到這隻趴在海上的大烏龜，一定很興奮的。

●北迴線（蘇澳新站—花蓮）

十大建設之一，擁有台灣最長的鐵路隧道，即長一萬零三百零七公尺的新觀音隧道。此線在台灣鐵路史上意義重大，完工後火車能夠從台灣西部直達東部。

●台東線（花蓮—台東）

俗稱「花東線」。此線興建於日據時代，當時為一封閉區間，只能在花蓮、台東間往返行駛，而且軌距為七百六十二公厘，和西部幹線的一千零六十七公厘不同，不能和宜蘭線連接。後來北迴鐵路完工，此線也隨著進行拓寬工程，七十一年完工。本線於一〇三年六月完成電氣化，七月正式通車，大幅提升運能及速度，普悠瑪新自強號從台北到台東的直達車大約只要三個半小時，較之柴聯自強號可以節省約一小時。

●南迴線（枋寮—台東）

十二項建設之一，除了少數雙軌路段之外都是單軌非電化區間，目前仍是柴電機車和柴聯自強號的天下。這也是唯一可以看到台灣海峽、中央山脈和太平洋的路線，有山有海，景色壯觀，也是環島鐵路網中最晚完工的一段。

右圖：搭乘東部幹線，向窗外望去，常能望見一整片稻田。（攝影：楊志雄）

台鐵的火車站

台鐵目前屬於交通部管轄，除了一般公務機關也都有的局長、副局長、人事室、政風室、主計室、秘書室之外，與運輸業務最密切相關的有運務處、電務處、機務處、材料處、貨運服務總所、餐旅服務總所等，而一般旅客最常接觸的當然就是火車站。

火車站有等級之分，根據台鐵網站的解釋，依車站營收、客運量、貨運量、行車運轉業務量等因素評定分數，分成以下幾種類型：

特等站	指根據車站業務狀況，評分達九十分以上，並經主管機關核定者。目前全台有台北、台中、高雄、花蓮四個特等站。
一等站	評分達五十五～九十分者。
二等站	評分達二十五～五十五分。
三等站	評分不到二十五分者。
簡易站	客運量稀少，設備簡單，派有站員而無站長之車站。又有所謂甲、乙、丙三種簡易站。
招呼站	僅設有候車月台而無站員之車站。部分招呼站設有電子票證驗票機，供持電子票證的乘客使用
號誌站	可辦理列車交會及待避（就是同一方向行駛的兩列車，前者停下來讓後者先通過），而不辦理客貨營業之站場。

要注意的是可能有一些人印象中的小站卻是一等站，這是因為評分項目中並不止客運一個項目而已。還有，並不是每個車站都有站長，無人招呼站當然沒有站長，小站可能只有從鄰近的大站派來的副站長或運務工擔任售票工作而已。

台鐵客運支線

深入產業道路與懷舊小鎮

台鐵有曾經擁有許多支線，可是多半已經遭到停駛拆除。如今主要有平溪線、集集線、內灣線、六家線、深澳線、沙崙線等六條支線在營運。除了沙崙線和六家線之外，其餘都是單軌非電化區間，行駛柴電機車和冷氣柴客。

目前台鐵也陸續有新的規劃，像是從南迴線拉出到海洋生物博物館、墾丁國家公園的「恆春支線」。還有連接海線大甲和山線后里的「甲后線」，未來可以和成追線一起構成「大台中環狀線」。

●平溪線

平溪線是台鐵目前三大客運老支線之一，從三貂嶺站開始與宜蘭線分歧，但是因為三貂嶺站的場站面積狹小，地點偏僻，所以都是從八堵或海科館發車，終點站為菁桐。原本是載運煤礦為主，礦業沒落後變成客運。民國十年完工通車，里程十二點九公里。

平溪線可說是台鐵歷史最悠久、風景最美麗的客運支線。由於沿著基隆河谷興建，沿途有原始河谷景觀，生態資源豐富，旅遊景點也多，像是著名的十分瀑布、三貂嶺瀑布群、平溪三尖等。而往昔的礦業發展，也讓當地聚落有著不一樣的人文氣息，像是菁桐老街、平溪老街、台灣煤礦博物館等，都值得一遊。

近年平溪線極力發展觀光，和日本鐵道多有合作，陸續和江之島電鐵線、由利高原鐵道鳥海山ろく線締結姊妹鐵道。民國一〇二年與江之島電鐵合作，旅客持「平溪線一日週遊券」可至日本江之電的合作窗口無償兌換「江之電一日乘車券」，反之亦然，相當有趣。

十分車站
Shihfen Station
十分車站
Shihfen Station
歡迎光臨十分
十分
十分
十分

集集線

集集線也是台鐵三大客運老支線之一，年代和平溪線相近。早期配合日月潭水力發電工程規劃，用來搬運發電廠的器材，後來也開放客運業務。從二水站至車埕站，長二十九點七公里，是台鐵最長的客運支線。

民國八十八年發生九二一大地震，集集線嚴重毀損，集集車站傾斜，多處鐵軌扭曲變形，歷經數年修復後才通車，並持續轉型為觀光鐵路，後來也與日本千葉縣夷隅線締結姊妹鐵道。

內灣線與六家線

內灣線也是台鐵三大客運老支線之一，且是光復初期才興建，是三條支線當中年代最晚的。從新竹至內灣，長二十七點九公里，用來開發竹東、橫山一帶的物產。內灣線貨運的最大來源是竹東的台灣水泥公司和橫山的亞洲水泥公司，所以水泥貨車也是內灣線的特色。竹東站是所有支線車站中規模最大者，是二等站，其他支線車站頂多只是簡易站。竹東站也是唯一有天橋（或地下道）的支線車站。

為了台鐵捷運化和連接高鐵新竹站的工程，台鐵將內灣線的部分路段改成高架電氣化並且從竹中站拉出一條支線通往高鐵新竹站，命名為六家線，已於民國一〇〇年通車。

深澳線

民國八十年代以後的深澳線比以前短得多了，以前是從瑞芳分歧後沿著省道台二線到水湳洞（終點站叫做濂洞），全長十二點三公里，可是後來路線縮短至海濱站，而自從民國七十八年停辦客運後，只剩到深澳火力發電廠的六公里。

深澳線與近年停駛的林口線一樣，都是為了替發電廠運煤而興建的，民國五十六年通車至深澳。深澳線之前也兼營客運，而且是一條很美麗的濱海鐵路，尤其八斗子之後和省道台二線（北部濱海公路）並行，沿著海

右圖：平溪線上最大站——十分

2

岸走，整條路線的精華都在這裡。九十六年九月，深澳發電廠拆除進行擴建，包括運煤碼頭工程，完工後改從海路運煤，不再用火車運送。深澳線少了台電這個大客戶，損失慘重，貨運也隨之停辦。

後來台鐵又展開深澳線改善工程，並且在基隆海洋科技博物館增設新站，復駛「瑞芳─海科館」的四點二公里。復駛後的深澳線轉型變成觀光化支線。而地方人士則主張應恢復全線至水湳洞或海濱，至少也要到深澳，才能包含原來最精華的路段。

深澳線於一〇三年一月九日復駛至海科館，並推出六大主題彩繪車廂，雖然只有八分鐘車程，卻創下台鐵支線停駛多年之後又復駛的先例，真是一大奇蹟。目前又和平溪線列車聯通行駛，這也是國內創舉。

● 沙崙線

這是民國一〇〇年最新通車的台鐵支線，從台鐵中洲站拉一條支線到沙崙以銜接高鐵台南站，和六家線一樣也是高架電氣化的新支線。

● 其他特殊路線

此外，還有一些特殊路線，例如基隆、高雄、台中、蘇澳、花蓮五個港口都有鐵道，不過有些已經被拆除，規模不若以往。其中高雄港的鐵道規模最大，在市區成環狀，可惜部分路段已遭拆除變成現在的輕軌路線。新竹、屏東、嘉義的飛機場也曾經有鐵道通往縱貫線的鄰近車站。貨物線幾乎都會和煤礦、台電、水泥、食品、肥料、中油、港口、機場、軍隊扯上關係。

①集集線曾因九二一地震遭到重創，照片左方為當時扭曲的鐵軌 ②集集線上最大站─水里 ③內灣線上最大站─竹東

1

2

3

4

近年停駛的林口線

林口線興建於民國五十五年，從桃園到林口火力發電廠，長十九點二公里。本來是載運林口發電廠所需燃煤的貨運支線，不經營客運，所以知名度很低，只有當地人知道這條鐵路的存在。一〇〇年時郵局曾經發行一套五枚的台鐵支線郵票，卻缺林口線和深澳線，這兩條支線低知名度又不受重視的程度由此可見一斑。其實林口線也有客運，而且里程比平溪線還長呢！而且林口線也是最靠近桃園中正機場的鐵路，曾經為了是否興建機場捷運，或將林口線改善做為機場客運用支線的爭議而聲名大噪，可惜還是不了了之。

雖然名為「林口線」，不過其實它只有最尾端一小段在林口境內，離林口市區還很遠，稱作「林口線」實在很牽強，不如叫它「蘆竹線」比較恰當（支線的名稱當然不一定要和終點相同，集集線即是一例）。桃園縣政府曾經和台鐵合作，九十四年開始在林口支線試辦客運，當時稱做「桃林鐵路」，服務桃園、蘆竹地區民眾，搭乘的學生頗多。不過一天只有早晚各一班車，免費搭乘，假日停駛，這是因為它的中途各站都是單軌區間，無法會車，而且貨車班次頻繁，因此客運班次不能增加。客運的終點原本叫做「長興」站，後又延長至「海湖」站，距離林口發電廠約三公里。各站里程如（表一）：

表一．各站里程

桃園 → 桃中 → 寶山 → 南祥 → 長興 → 海山 → 海湖

桃園–桃中	桃中–寶山	寶山–南祥	南祥–長興	長興–海山	海山–海湖
2.2KM	2.3KM	3.75KM	3.45KM	2.12KM	1.78KM

①台中港貨運辦公室 ②九讚頭站，和竹東一樣站前「一枝獨秀」是其特徵（竹東站前的樹已經被砍）。後方大型建築為亞泥新竹廠 ③台中港線鐵道，前方白色物體為臂木號誌機 ④深澳線列車

林口線目前已停駛，所以現在要參觀林口線，只能搭乘客運車沿著這條鐵道而行。詳細方法請見後文「台鐵與客運車的搭配」。如果想攝影，則建議過了南崁交流道之後沿著南美街、油管路一路前進，可和鐵道並行數公里（只有台泥廠附近須暫時離開鐵道），經過南祥、長興、海山三站。海湖地區平交道多而建築物少，也是攝影的好地點。

林口線的特殊有趣之處很多。

舉以下三點為例：

一、林口線火車是國內第一個免費搭乘的列車，它的桃園站月台不在桃園站內，而是在桃園站北端的專用月台，因為是免費搭乘所以進出站都不必經過剪票口。

二、它是台鐵獨一無二的都會區的支線，更是唯一能兼具都會景觀（前段）、田園風光（途中過了長興站後會變得視野大開）和濱海風情（尾端）三者的支線。由於鄰近機場，拍攝林口線火車時偶爾可以和飛機同時入鏡。

三、林口線的平交道特別多，車站都只有月台而無站房，而且都在平交道旁邊，桃園高中站和海湖站甚至兩端都是平交道。因此，列車停靠於車站時會造成原行進方向的下一個平交道遮斷機遲遲無法升起，而列車開到終點海湖站後也不能立刻原地折返，必須再往前開一段路，通過平交道讓遮斷機升起而不致於阻斷交通時間太長。回程則必須先在和平交道一定距離外，再度讓遮斷機放下，才能駛入海湖站，所以折返點也不能離平交道太近，而是在台十五線海邊的海湖靶場大轉彎處。

右圖：讀者可能會以為照片地點是某處幽靜山區。其實這裡是虎頭山下的南崁溪橋，附近就是市場和虎頭山公園，人聲鼎沸

❶

❷

❸

❹

林口發電廠的貨車作業方式也很值得一提：首先，運煤列車開到發電廠門口時不會直接駛入，而是先在外面等發電廠人員開門。發電廠門口有個手動控制的平交道，列車接近時不會自動放下遮斷機，警鈴也不會響。接著台鐵的柴電機車卸下，電廠人員開門並啟動平交道裝置，讓火車頭開進大門接上另一列之前已經完成卸貨的空車，而發電廠人員會扳動轉轍器，然後台電的專用機車頭駛出，接上剛從桃園來的運煤車廂後駛入發電廠。最後則是剛才駛入的台鐵柴電機車頭拉著空車廂開回桃園。駛出發電廠的運煤列車，上方飛機為伴，此情此景已成追憶。

二〇一一年十二月三十一日，台鐵以桃園鐵路高架化為由停駛林口線。回顧這一路長長的軌道，希望大家銘記：在台灣西北的一個偏僻角落裡，曾經有過這麼一條貨運鐵路，和一群台鐵、台電、中油的無名英雄們，四十多年來運送了無數的煤、石油、雜糧、水泥等，我們才能享受到便利的生活。

①發電廠人員扳動轉轍器 ②台電的專用機車頭駛出 ③接上運煤車廂的台電機車頭，駛入發電廠 ④台鐵柴電機車頭拉著空車廂開回桃園

支線去哪玩？

現存的六條客運支線中，平溪、內灣、集集三條支線都已成為頗受歡迎的旅遊景點，不少電視連續劇、廣告和電影都在這裡取景。以下列出這三條觀光支線的熱門景點，供讀者參考。

平溪天燈

來到平溪不可錯過的主要活動，就是放天燈了，尤其是元宵節前後的平溪天燈節，看著數以百計的各色天燈升上夜空，真的相當壯觀。

平溪老街

假日裡遊客摩肩接踵的平溪老街，就位於平溪車站旁。老街依山傍河而建，保留了許多傳統長條形街屋，古意盎然。

菁桐老街

菁桐車站外，就是菁桐老街，路程不長，緊鄰著煤礦紀念公園、洗煤廠遺址等景點，值得一訪。

菁桐車站

有著木造站房的菁桐站是平溪線的終點，也是新北市公告的指定古蹟。

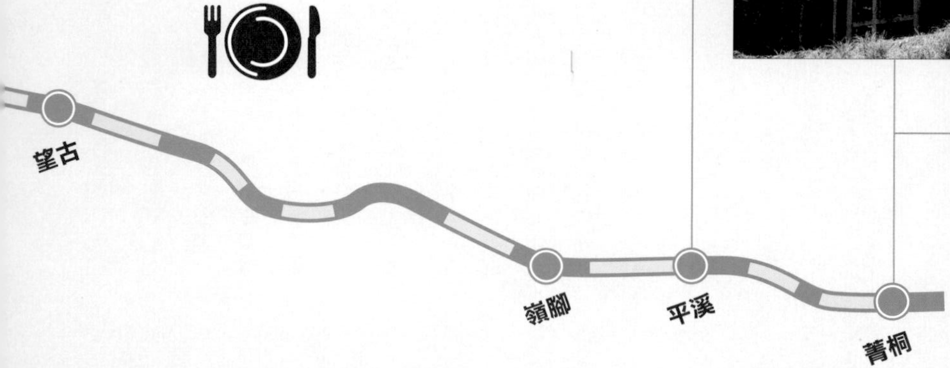

平溪線

攝影：楊志雄

三貂嶺

大華

十分

大華壺穴

平溪線上的壺穴地形，當以大華站附近的大華壺穴群最密集可觀，目前也已被列為自然保護區。從大華站下車後，沿著軌道往三貂嶺方向行走，約十五分鐘即可抵達，由於沿途必須走在鐵道上，須特別注意火車行駛的時間。

三貂嶺車站

作為台灣唯一沒有道路直達的鐵路車站，深藏在山壁與河谷之間的三貂嶺站，有著與眾不同的孤寂風情。

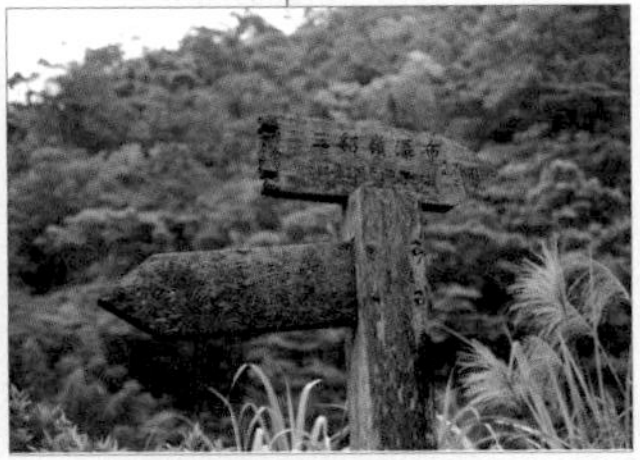

三貂嶺瀑布群

從三貂嶺步道開始登山，沿途可以欣賞合谷、摩天、枇杷洞等瀑布，其中以合谷瀑布水量最豐、高低落差又大，最為壯觀。

十分瀑布

平溪線上的知名景點，壯麗的水幕與磅礡的氣勢，讓人留連忘返。瀑布下方的水潭極深，水氣長年瀰漫，經過陽光折射，彩虹橫跨其上，所以又有「彩虹淵」的美名。

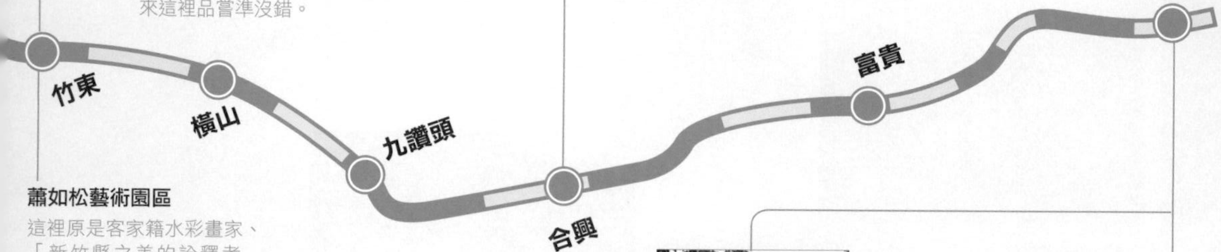

竹東林業展示館

竹東林業展示館的前身是日據時期的植松材木竹東出張所，當時負責採集清泉尖石地區的檜木，銷回日本。林務局接管後，有鑑於林業對竹東地區的影響，將之規劃成林業展示館，館內以圖文並茂的方式，講述竹東林業的興衰。

竹東中央市場

竹東中央市場可說是全台最大的客家傳統市集，尤其是各式各樣的客家小吃，更讓遊客讚不絕口，不論是水粄、婆菜、水晶餃、紅糟鴨等道地客家味，還是排骨飯之類的大眾美食，來這裡品嘗準沒錯。

蕭如松藝術園區

這裡原是客家籍水彩畫家、「新竹縣之美的詮釋者」——蕭如松老師的故居，民國九十七年整修成藝術園區，展出蕭老師的生前作品與相關文物，也提供場地給當地藝術家辦展覽。園區內還有咖啡廳，是遊客休憩的好去處。

合興車站

合興車站，不只有著木造站房與少見的「折返式」軌道設計，近年更因曾春兆夫婦的認養與文創團隊的進駐，成為了知名的「愛情火車站」。

內灣老街

充滿懷舊氛圍的內灣老街，是內灣線上人氣最旺的旅遊景點，除了傳統的街屋與古色古香的車站外，還有內灣戲院與漫畫家劉興欽博物館，大嬸婆、阿三哥、機器人等經典角色在這都可以看到。街上當然也少不了各色客家美食，像是野薑花肉粽、客家擂茶等。

內灣吊橋

吊橋是來到內灣不可錯過的風景，在橋上可以欣賞清澈的油羅溪沿著曲折的山谷順流而下，橋下也很適合戲水或釣魚，每到假日總是吸引不少遊客。

內灣線

攝影：楊志雄

Tips

「富貴」站本名「南河」，民國九十二年，台鐵為發行吉祥語車票「榮華富貴」，將之更名，然而由於兩站均是不售票的招呼站，所以並未因此帶來人潮。

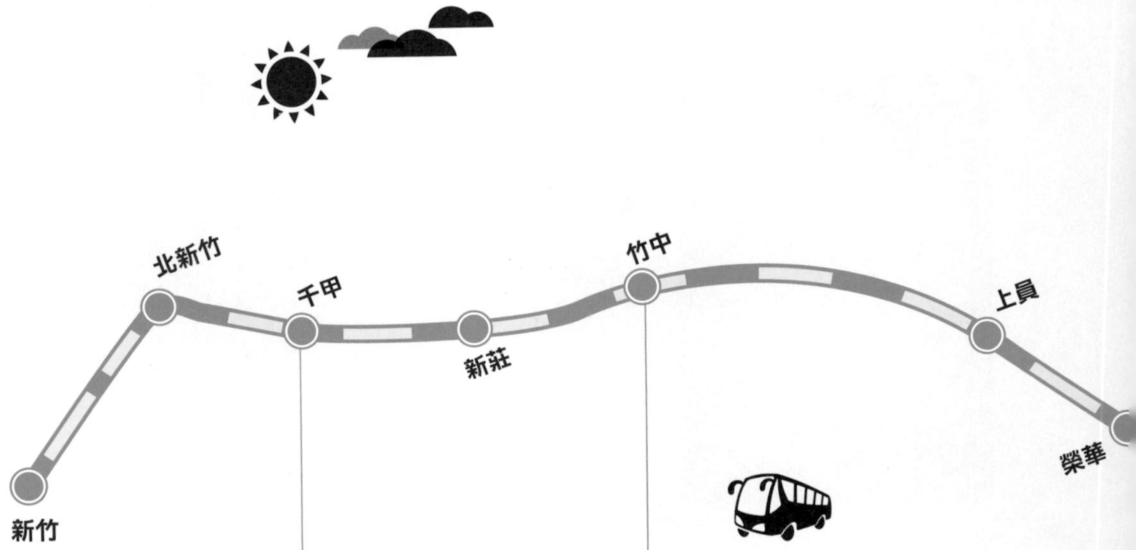

世博台灣館

在民國九十九年上海世博會中大放光采的台灣館，在會後移至千甲站附近，這座以「山水心燈：自然、心靈、城市」為主題的展覽館，近年來由環球購物中心經營，雖然一〇五年六月初傳出歇業消息，但其獨特的天燈造型，仍是值得一觀。

竹中車站

為了連接高鐵新竹站，台鐵在內灣線上，從竹中車站延伸出六家線，如果你是搭高鐵來新竹內灣線，那麼這裡就會是你內灣之旅的起點。

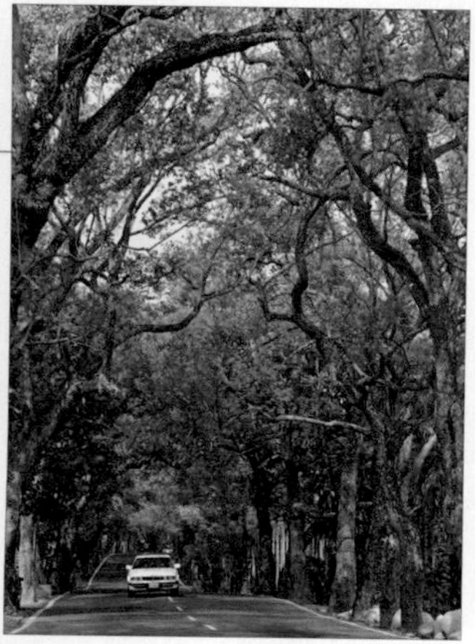

綠色隧道

集集的綠色隧道長達四點五公里，沿途是枝葉茂密成蔭的樟樹，隧道一旁就是觀光鐵道。

車埕車站

車埕站是集集線的終點，有著「全台最美麗的車站」之美稱。（攝影：吳怡嫻）

龍泉　集集　水里　車埕

水里蛇窯

蛇窯源自大陸福州，是順著山坡地用土磚砌成，遠望窯身，彷佛長蛇，因而得名。水里蛇窯是台灣現有最古老的柴燒窯，現今改建成水里蛇窯陶藝文化園區，成為一處保存台灣文化的園地。

集集小鎮

作為知名觀光小鎮，集集自然有其獨到的魅力，不只有古色古香的建築，也有好山好水的美景。

集集車站

以檜木為主要建材打造的集集車站，外觀典雅拙樸，更是全台少數有在販售名片式車票的車站。站旁還有前鐵路局倉庫改建的集集鐵路文物博覽館，可以一併參觀。

集集線

攝影：楊志雄

Tips

集集線沿線各站的美化都做得不錯，值得一觀。另外，水里車站距離蛇窯尚有一小段距離，可轉乘豐榮客運或員林客運，至蛇窯站下車即可。

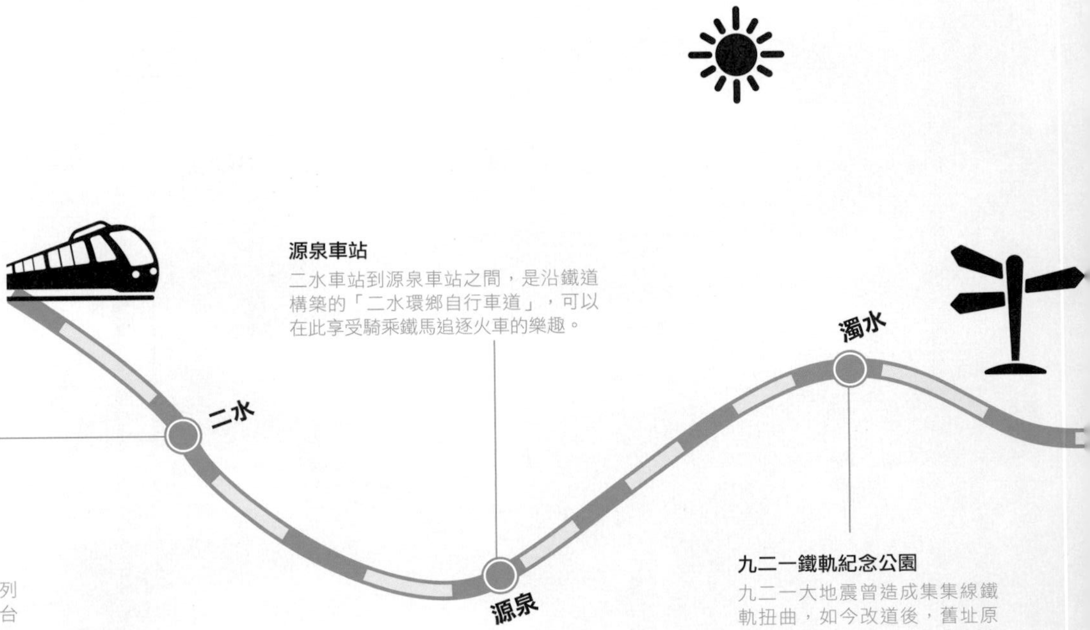

源泉車站

二水車站到源泉車站之間，是沿鐵道構築的「二水環鄉自行車道」，可以在此享受騎乘鐵馬追逐火車的樂趣。

老火車陳列場

二水火車站附近有座「老火車陳列場」，展示了CT278蒸汽機車頭和台糖345號的比利時製五分車火車頭。CT278是台鐵第一輛牽引快速旅客列車的機車頭，早期常被用來牽引高級官員專車。

九二一鐵軌紀念公園

九二一大地震曾造成集集線鐵軌扭曲，如今改道後，舊址原貌保留並設置紀念公園，為過往的傷痛作見證。紀念公園最近的入口，就在濁水站外的「濁水車頭」石碑斜對面。

CHAPTER 3

產業鐵道&廢棄路線

由糖、鹽、林、礦業發展而來的產業鐵道，見證了早期台灣的一代興衰，即使如今多已沒落，仍別具一番風情；而那些隨著時代消逝的廢棄路線，有的改建後融入現有的鐵道體系，有的則被視為文化資產得以保存，成為新興景點，也值得一探究竟。

產業鐵道

經濟重擔，一肩扛起

台灣早期產值主要來自糖、鹽、林、礦等第一級產業，為了將大批的原物料運送到處理廠，相關的公司多會鋪設產業鐵道，也形成了別具一格的鐵道文化。

●全盛時期遠勝台鐵——糖業鐵路

台灣中南部早期有許多糖業鐵路，由台灣糖業公司經營，以替糖廠載運甘蔗原料為主，也兼營客運業務。台糖也和其他產業合作運送貨物，例如把台鹽七股鹽場的鹽經過佳里糖廠鐵道線轉運到台鐵隆田站，甚至還有運送石灰石礦的。據台南縣政府《南瀛鐵道誌》一書記載，高雄路竹的環球水泥公司曾經委託仁德糖廠和橋頭糖廠代為運送大崗山礦場的石灰石。而石灰石本身也是製糖原料之一，用來澄清蔗汁裡的雜質，台糖曾經在關子嶺附近的枕頭山上開採石灰石並用纜車和小火車運送。更驚人的是糖鐵還運送石油，就是由玉井糖廠將玉井山區的竹頭崎油礦（楠西山區亦出產石油，興南客運有「玉井—龜丹油礦」線的班車）經由玉井、左鎮先運到善化，再轉送到楠梓或嘉義的煉油廠。只是可惜這兩項業務似乎都沒有相關照片流傳，尤其玉井是所有糖廠中位置最偏遠又最靠近山區者，很少有鐵道書籍提到玉井糖廠的。

糖鐵的路線遠比台鐵的路線密集，長度也遠超過台鐵環島幹線總長度，全盛時期總長度長達三千多公里。中南部各縣市都有台糖鐵道，包括南投縣，早年南投糖廠的鐵道線可通往二水、台中、彰化、中寮、名間，絕不是現在人知道的南投只有集集線火車！幾十年前台海局勢緊張，台糖築有連接各糖廠的「南北平行預備線」做為戰備鐵道，可從台中通往高雄，萬一台鐵縱貫線遇到戰爭破壞，台糖鐵道即可派上用場。可惜因為台灣糖業逐漸走下坡，許多糖廠已經不再製糖，糖業鐵道也就停駛，鐵軌、車站被棄置在荒煙蔓草中，甚至慘遭拆除，非常可惜。對於台糖鐵道有興

①溪湖糖廠棄置不用的守車，用黑白底片拍攝，時光彷彿一下子回到四十年前 ②蒜頭車站 ③烏樹林糖廠的小火車 ④溪州牌機車頭

1

2

3

4

趣者，請參考後文「廢棄路線」並找一本舊版地圖集和台南縣政府出版的《南瀛鐵道誌》、人人出版的《台灣糖鐵攬勝》兩書來研究。

雖然不屬於台鐵經營的範圍，喜歡糖鐵「五分仔車」的人還不少。很多人以為台糖小火車之所以被稱為「五分仔車」，是因為台糖的軌距是零點七六二公尺，大約只有國際標準軌距一點四三五公尺的一半，但事實真是如此嗎？知名鐵道專家蘇昭旭教授曾在其著作《台灣輕便鐵道小火車》中提到：台灣直到民國八十五年台北捷運通車才第一次出現國際標準軌距，此前台灣民眾無緣得見國際標準軌，不可能知道台糖的軌距是國際標準軌的一半，而糖鐵前輩口述則表示「五分」是指「五分仔力」，指糖鐵柴油動力時期的車速約只有台鐵的一半；而長年關注台灣交通的黃智偉先生則在〈五分車一世紀〉一文中指出：「五分仔車」一名的產生是源於經驗而非測量，是由於車廂體積比台鐵車廂小很多而得名。

●跟上時代，亮麗新生——糖廠的觀光轉型

隨著產業的沒落，糖鐵的文物如今也被破壞得相當嚴重，亟待大家的重視與維護。目前保存良好的台糖火車站已經很少，蒜頭車站和烏樹林車站都是很好的例子，而且都是日式木造站房。近年來許多糖廠都已經轉型為糖業觀光休閒文化園區，南靖糖廠即是一例，彰化的溪湖糖廠、嘉義的蒜頭糖廠、台南的新營糖廠和烏樹林糖廠、高雄的橋頭糖廠，也都有觀光小火車行駛。

每個糖廠都有可看之處，例如台中的后里糖廠有「囪底隧道」，高雄糖廠有古色古香的日式木造宿舍，新營糖廠的場站面積相當廣大，平交道有十多條軌道和馬路相交。在以往，能在糖廠上班是很神氣的，這些糖廠周邊都形成了特殊的糖業聚落，生活機能完整，有福利社、活動中心、宿舍、招待所，甚至還有讓台糖員工子女就讀的學校。如果有機會造訪這些糖廠，請多注意這些建築和小火車的文化意義，它們見證了台灣糖業的興衰史。

糖鐵的機車頭目前以「德馬牌」為主力車種，非常好認，車上有

①新營觀光糖廠鐵道的路牌採人力接送，還順便送午餐 ②日立牌機車頭 ③溪湖糖廠的觀光小火車 ④溪湖糖廠的鎮廠之寶——346蒸汽機車，可動態行駛

2

1

4
346

3
地方文化館

「DIEMA」的字樣，事實上也是德國製造的沒錯，音譯、意譯兼顧。後文會提到的虎尾糖廠小火車皆為此型機車。此外比較早期的車種還有順風牌、溪州牌、日立牌等。糖鐵也有路牌閉塞制度，筆者曾在新營糖廠觀光鐵道上見識到，不但採取人力接送，還順便送午餐，是不是很有人情味？

●其他產業鐵道

產業鐵道除了糖業鐵道以外，還有礦業鐵道、鹽業鐵道、林業鐵道等，不過還是以糖業鐵道的規模最大。狹義的產業鐵道僅指由該產業經營者專用的鐵道，例如平溪的煤礦場的台車線；廣義的產業鐵道則包括後來轉型為台鐵客運的支線，如平溪線，它最早的興建目的就是為了運輸煤礦的。

讀者如果有興趣做廢棄路線探查，範圍當然也可以擴大到產業鐵道，不過難度高於台鐵。早期的台灣糖業、鹽業、林業、礦業均盛，產業鐵道分佈甚廣，北部有礦鐵，中南部有糖鐵，西南沿海有鹽鐵，山區有林鐵。甚至連現在人口密集的中和也有礦鐵（中和以前出產煤礦、瓷土礦、石英砂，甚至石油）。這裡的礦鐵是指鹿寮坑山區和灰磘軍事管制區裡的石英砂礦場的台車線，而不是台鐵中和支線！提到台北的煤礦，不只瑞芳和平溪，其實鶯歌、樹林、土城、三峽、中和、新店、石碇、汐止、雙溪、松山、內湖、南港、木柵和基隆也都產煤，土城的海山煤礦尤其出名，各礦場也都有或大或小規模的礦鐵。鶯歌山上的孫龍步道上有一個「二坑隧道」，也是數十年前「互益煤礦」用的輕便車道。烏來的觀光台車則是搬運木材，加九寮步道即是由台車道整建而成，當年的隧道仍存。

然而不管是糖業、鹽業、礦業還是林業，在台灣都已經完全沒落了，現在只有阿里山森林鐵道能夠成為國寶，而其他產業鐵道幾乎都已經被棄若敝屣。鹽水火車站保存得也不錯，還有第二月台。鹿港車站、義竹車站、旗山車站也都值得看看。林業鐵路也有古老木造車站保留至今，例如宜蘭縣羅東林鐵的竹林站和天送埤站。其實這也都是文化資產，不能讓它們從台灣地圖上完全消失，一定要挑選一些有特色的重點車站、路線來妥善維護保存才好。

①鹽水火車站 ②鹿港車站 ③旗山車站 ④天送埤站，曾因偶像劇《下一站，幸福》來此取景而爆紅

1

2

3

4

貨車

不只產業鐵道運送貨物，台鐵當然也有自己的貨車來承擔貨運業務。由於貨車不以客運為目的，外觀就沒那麼多講究，黑黑醜醜的，加上台鐵貨運又逐漸衰退，一般人對貨車的了解也就相當有限。其實，這些台鐵的貨車也是台灣經濟奇蹟的無名英雄，值得我們多加關注。改天搭火車時不妨多加觀察。貨車雖然不如客車那麼金光閃閃，銳氣千條，卻也是很有魅力的呢！林口線的運煤列車就是鐵道迷們爭相拍攝的對象。台鐵的貨運，以水泥、石灰石、煤、石油、雜糧、貨櫃、砂石、軍用品為大宗。細心的乘客必會發現，北迴線上的水泥貨車特別多，因為當地有水泥廠；台南和高雄有許多食品工廠，就有許多側線從鄰近的車站通往這些工廠。以下介紹幾種常見的貨車。

篷車：就是有車門和車頂的廂型貨車。

敞車：沒有車頂，只有側板的貨車。適合載運砂石等不怕雨淋的貨物。

斗車：上大下小，載貨從上，卸貨從下的貨車。又有穀斗車、石碴斗車、煤斗車之分。最常看到穀斗車的地方是富岡和台中港、台南、高雄一帶，例如富岡站旁邊有聯華實業公司，生產駱駝牌麵粉、豐年麥片、飼料、油脂等食品，台南地區則有益華公司善化油廠、永康的大成沙拉油、隆田的大統益等。民以食為天，糧食問題是最重要的民生問題，而台灣的農業不振，糧食自給率低落到只有三成多，必須仰賴進口，所以這些「黃小玉」（黃豆、小麥、玉米）斗車的責任相當重大。

順便一提，很多大型食品工廠都在縱貫鐵道沿線，雖然未必用火車運貨，不過經過時也不妨注意一下。例如楊梅的統一、沙鹿的味丹、大肚的福懋沙拉油、田中的維力和泰山、斗六的味全和黑松、大埤的味王。更早之前還有樹林的味王。

其實貨車種類很多，除了前面提到的之外，尚有許多很少見的貨車，目前多已停用。例如車埕站陳列有冷藏車、通風車、家畜車等。

眼尖的人可能還會注意到，貨車的形狀雖然各有不同，但是上面總會寫二至四個注音符號。這些注音符號是台鐵以前使用電報時代的國音電碼，表示貨車的車種和載重。所以其實台鐵才是「注音文」的開山祖師呢！

平車：只有一個平台，經常用來載運貨櫃或軍車。

罐車：形狀圓滾滾的，用來載運液體，如石油、化學溶劑、糖蜜等。

水泥車：上小下大，略呈梯形，水泥廠附近常見。林口線有台泥和嘉新水泥，內灣線有台泥和亞泥，左營有東南水泥，大肚和岡山有嘉新水泥，大湖有環球水泥，宜蘭北迴線上最多，冬山有中國力霸水泥，蘇澳有台泥，蘇澳新站有信大水泥，東澳有幸福水泥，和平、和仁一帶是水泥專業區，新城有亞泥。因此北迴線上許多車站都以貨運為主要收入，包括漢本站和崇德站，而花蓮港站是完全貨運車站。水泥廠不是只有水泥車而已，也常用斗車載運石灰石。

守車：掛在列車最後讓列車長或隨行人員乘坐之用。

廢棄路線就是以前曾經有鐵道經過的地方，因為某種因素而拆除。最明顯的例子就是已經被拆除的幾條支線，有興趣的讀者可以沿著原路線走走看，緬懷往日風光，有時可以發現一些遺跡，例如深澳線停辦客運時的終點海濱車站和月台都保存良好。東勢線的東勢車站仍存，只是被改建，部分鐵軌都還可以看到痕跡。東勢線現為東豐自行車綠廊。

●消失的風景——已停駛的台鐵支線

除了在民國一〇一年停駛的林口線，台鐵尚有多條已停駛的支線，以下介紹較具代表性的幾條路線，供讀者參考：

新店線：民國十年通車，這條支線大概只有老一輩的台北人知道，因為它早在民國五十四年就已經停駛。原路線從萬華經過汀州路、羅斯福路、北新路到新店。

淡水線：在支線當中的年代算是相當久遠，日據初期的清光緒二十七年就已通車，比縱貫線還早，因為它是為了運輸興建縱貫線的材料而建的。從台北到淡水，全長二十一點二公里，另外還有一通往新北投的支線。民國七十七年因為捷運淡水線工程而拆除，目前的捷運線大致就和以前的鐵道重合。

民國七十年代的國小四年級國語課本第十冊裡，有一課〈火車上的老太太〉，講的是一對姐妹從台北坐火車到淡水，途中讓座給一個很慈祥的老太太的經過。這是國小課本裡唯一和支線有關的課文。民國七十七年淡水線停駛，不過國立編譯館來不及改，所以民國七十八年一月版的國語課本還是和以前相同，到七十九年才改成「坐火車到樹林」。但樹林離台北不夠遠，難以坐了很久「經過一站又一站」，八十二年到八十七年又變成到桃園，後來這課取消，變成了「坐捷運」。

①台鐵淡水線和捷運淡水線的關渡路段 ②神岡線上也有蒸汽車頭用的水塔和水鶴等設施，保存良好 ③東勢線上的朴口站，月台仍存

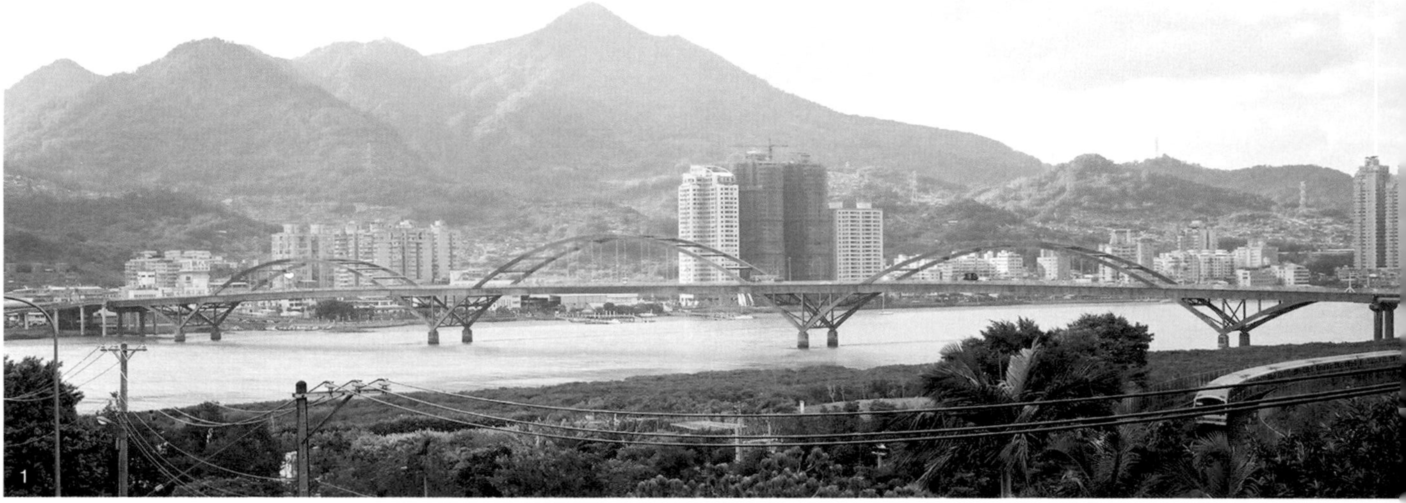
1

3

2

東港線：日據時代就有的支線，里程很短，從屏東線的鎮安到東港，只有六公里，民國八十年停駛。

東勢線：民國四十八年通車，用來運輸木材，從豐原到東勢，全長十四點一公里。已於民國八十年停駛，現在變成了東豐自行車道，東勢車站則被改建為客家文化園區。

中和線：用來取代新店線的貨運線，新店線停駛之後立刻通車營運。從板橋到中和，長六點五公里，中和火車站位於現在的捷運南勢角站，專辦貨運。中和線的知名度很低，許多中和居民也只因為經過平交道而知道中和線鐵路的存在，可是卻不知道中和有個火車站。原來的鐵道現在變成了板南路和板新路，捷運環狀線預定經過其中部分路段。

中和線拆除的主要原因是當地居民認為它妨礙地方發展和交通，噪音和多達十六處的平交道使它不受歡迎，又不經營客運，造成中和線的存在對居民只有壞處沒有好處。終於到了民國七十九年九月，在省議員等民意代表的要求下，中和線也停駛拆除了。

神岡線：民國四十六年完工，長十三點七公里（其中從潭子到神岡長八點七公里）。曾經是軍用鐵道，現在已經變成了潭雅神自行車道。

●充滿歷史情懷的廢棄路線探尋

要造訪這些廢棄的路線現在大多只能靠公路交通，不過有些路線只是改線而非停駛，新路線就在舊路線旁邊，坐火車時仍然可以看到舊路線。例如三貂嶺舊隧道就在新隧道旁邊的山壁上，日據時代就有的高屏溪花梁式大鐵橋也在新橋旁邊。

縱貫線也有不少廢棄的舊路線，如基隆的獅球嶺隧道，是劉銘傳在台期間的建設，上面有他的題字「曠宇天開」，也是很有意義的歷史建築。台北地區鐵路地下化也拆除許多鐵道。目前最熱門、知名度最高的廢棄路線就是舊山線「后里—豐原」段，被改為后豐鐵馬道，租輛自行車即可探訪沿途景物。舊山線就在新山線旁邊，而且舊山線擁有許多日據時代遺留

左圖：泰安舊站

至今的珍貴文物，遠非其他地方的鐵道能及。如果有機會坐火車經過新山線，車過大安溪橋和大甲溪橋時，將頭轉向東方，就可以看到舊山線的花梁式大鐵橋。勝興車站和龍騰斷橋更是知名景點，有興趣的朋友不妨注意隧道上方匾額的題字是什麼？由何人所題？

●舊山線的精華所在

如果就在苗栗市區，也可以去南苗附近的貓狸山公園，就可以看到另外一個日據時代的老隧道，洞口題字為「功維敘」。勝興車站沒有客運車到達，鯉魚潭水庫則有新竹客運「三義－三櫃」和「三櫃－后里國中」兩線班車（其實是用同一輛車連跑兩條路線）。至於泰安舊站，有豐原客運「大甲－泰安－后里－豐原」線經過，不過班次很少，要先查好時刻表。如果要步行，和泰安新站之間約有十五分鐘路程。（沿線景點可參考下頁表二）

●罕為人知的舊海線

可能很多人不知道，台鐵其實也有「舊海線」，而且更令人意外的是，海線也曾經擁有和舊山線一樣的連續隧道群。「舊海線」位於「龍港－白沙屯」間，有三座連續隧道，民國六十二年因新海線完工，鐵路西移而廢棄。長年埋沒在荒煙蔓草中的三座海線隧道，近年經過整理維護，做為行人步道通行，不過隧道裡沒有燈光，而且其中最長的一座因為是彎曲的，看不到另外一端洞口的光線，所以必須攜帶手電筒。此處已經和鄰近的過港貝殼化石山、好望角、半天寮成為後龍鎮的新景點，傍晚尚可欣賞台灣海峽的日落和發電用風車。但此處離龍港、白沙屯兩站都有點遠，距離最近的大眾運輸是苗栗客運的「苗栗－灣瓦」線班車。從灣瓦穿過鐵路涵洞步行十分鐘可至貝殼化石山，再過十分鐘可至三座舊隧道。

表二・舊山線沿途精華

三義站 → 一號隧道 → 勝興站 → 二號隧道 → 魚籐坪斷橋 → 三四五六號連續隧道 → 內社川（鯉魚潭）橋 → 七號隧道 → 大安溪花梁鐵橋 → 泰安舊站 → 八號隧道 → 后里站 → 九號隧道 → 大甲溪花梁鐵橋 → 豐原站

①舊宜蘭線的草嶺隧道，上有日據時代題字「白雲飛處」，現已改為自行車道 ②泰安舊站旁震災紀念碑

●探查廢棄路線的小祕訣

台灣以前有許多產業鐵道，現在多已拆除。雖然不屬於台鐵，它們的廢棄路線和舊車站卻也很值得鐵道愛好者研究。要探查廢棄路線，必備工具之一就是舊版的地圖，如果有當年的時刻表更好。很多人都是買了新的地圖或時刻表之後就把舊的扔掉，其實對於文史研究者而言，舊版的反而比新版的更珍貴。從舊地圖上才能看出一個地區以前的地貌，例如舊鐵道、舊工廠、舊車站等，這是了解一地變遷史的最佳利器。筆者手邊就有九十三年一月金時代出版的《台灣縣市鄉鎮地圖集》，其中彰化、雲林、嘉義、台南、高雄、屏東六縣，以及二林、和美、元長、義竹、朴子、溪口、大林、新營、麻豆、鹽水、西港、下營、六甲、左鎮、烏松、燕巢、湖內、九如、林邊、枋寮、萬丹等二十一鄉鎮市的地圖，都有繪出台糖鐵道路線，極具參考價值。

①舊山線的勝興車站，如今也已成為知名景點

②阿里山上的水山巨木步道，原也是廢棄鐵道（攝影：何忠誠）

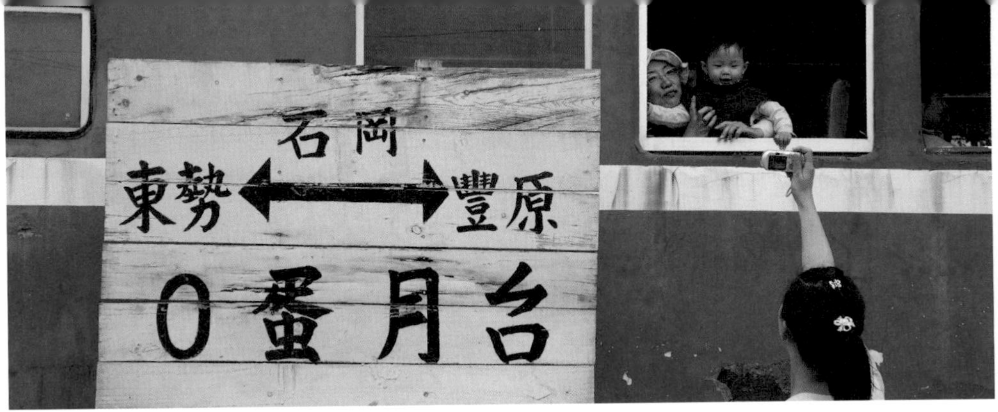

東豐自行車綠廊（攝影：楊志雄）

廢棄路線彙整

所屬縣市	現名／位置
台北市	汀州路、羅斯福路、市民大道、中華路、艋舺大道
新北市	板橋的縣民大道、板新路
	新店的北新路
	中和的板南路
	捷運淡水線
	瑞芳、猴硐、三貂嶺站外的舊隧道
	貢寮的舊草嶺隧道
	台二丁線（瑞芳區的濱海公路）
新竹市	鐵道路
苗栗縣	崎頂站北端的母子隧道
	「龍港－白沙屯」間的三座隧道
台中市	東豐自行車綠廊
	后豐鐵馬道
	潭雅神綠園道
嘉義市	嘉油鐵馬道
高雄市	西臨港線自行車道
屏東縣	東港的省道台十七線
花蓮縣	「玉里－安通舊站」自行車道
台東縣	台東舊站－馬蘭－台東新站

CHAPTER 4

深度巡禮

日本人也為之著迷的三貂嶺站、別稱「愛情火車站」的合興站、骨灰級百年車站石榴站、台灣最南端的無人車站枋山站……祕境小站深度導覽，帶你發現鐵道的神祕與美好！

行前須知

出發之前，先看一下

要坐火車旅行當然必須具備一些相關知識，本節會大略敘述一番。說真的，搭火車的方法確實是比搭公車客運麻煩，但好處在於火車都是沿著鐵軌行駛，路線容易理解，只要沿著鐵軌走必能找到車站而不會迷路，不像公車路線難以捉摸，火車和捷運的車站、班次也都比公車容易掌握。筆者很小就會搭公車，但是住的地方沒有火車，第一次獨自搭火車是國二時從板橋坐普通車跑到桃園閒晃。如果筆者從小就會搭火車，一定會去坐坐看淡水線、深澳線，而不會到現在空留遺憾了。

● 購票

車票是一張記載了乘車日期、起迄站、票價、車種、票種的紙片，對號車票還會記載車次、開車及到達時間和座位號碼。最新式的車票還有中英文對照。

購票最常見的方式就是現場購買，不管是窗口購票或是使用自動售票機。自動售票機只出售無座票，包括非對號列車和未指定座位的對號車票。不過現在有許多大站都有多功能、觸摸式螢幕的售票機，可以買指定車次的對號車票或是輸入電腦代碼後取得事先已預訂的車票。如果要搭乘長途對號列車，最好是先利用電話語音或上網預訂，然後持身分證、電腦代號到車站窗口或郵局、便利商店購票。

● 網路訂票流程

隨著網路盛行，許多民眾都採取網路訂票，以下說明訂票的簡易流程：

1. 進入台鐵官網「列車時刻查詢系統」
2. 找到班次
3. 點擊該班次資訊「訂位欄」的綠色座位圖示
4. 進入「車次訂單程票」頁面，輸入身分證號碼（外國旅客輸入護照號碼）
5. 輸入驗證碼，取得訂位代碼，妥善抄錄保存
6. 憑訂位代碼至相關窗口付款、取票

背磁式車票怎麼看

成功取票以後，別忘了仔細看看手中票卡，小小的票卡上，其實藏著超乎你想像的資訊量，以下帶你一一解讀：

車次：車票上最難以直接理解的，應該就是車次號碼的意思了。目前台鐵的車次表示法是以單數表示逆時針方向行駛，雙數表示順時針方向，以起站開車時間順序編號。自強號編號為101至399，莒光號與復興號為501至799，區間車和普快車則為四位數字，其中一千、二千多號集中在北部和中部，三千多號集中在南部，四千多號集中在東部。

加價票：已經買了較低級列車的車票而欲改搭高級列車，可以補差額，此種車票稱做「加價票」。例如買了區間車票而想改搭自強號，售票員會給你一張顯示兩者票價差額的自強號車票（上面有個「加」字），再用釘書機和原來的區間車票釘在一起使用。

靠窗還是走道：有座位的車票，如果把座位號碼除以四，餘一、餘二的是靠窗座位，餘三和整除的是靠走道座位。

台鐵車廂座位表

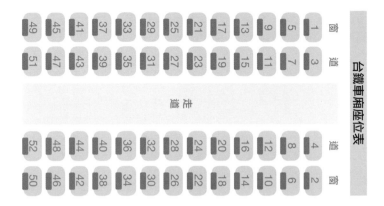

窗	道	走道	道	窗
1	3		4	2
5	7		8	6
9	11		12	10
13	15		16	14
17	19		20	18
21	23		24	22
25	27		28	26
29	31		32	30
33	35		36	34
37	39		40	38
41	43		44	42
45	47		48	46
49	51		52	50

Tips

1.台鐵訂票開放時間較高鐵晚，一般只開放提早兩週內的訂票，如遇連假則可能視情況提早開放，訂票前建議多關注新聞或官網資訊。 2.如果要訂去回票，可以重複步驟2.～5.，取票時選去回票即可。 3.台鐵官方目前也有APP訂票服務，可搜尋：「台鐵e訂通」。

早期車票沒有英文，現在已統一加註

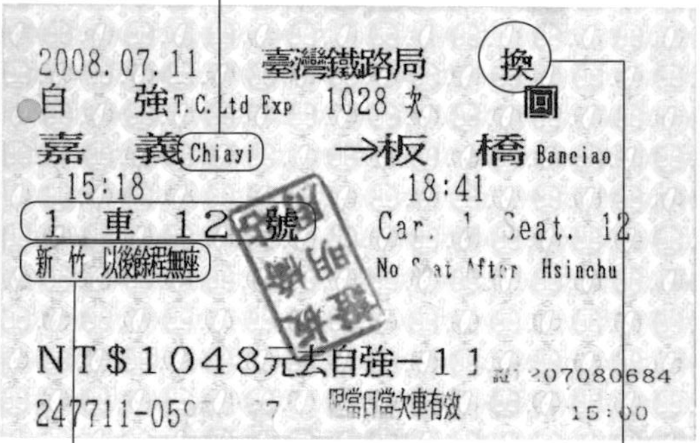

指座位是從起站到中途的××站為止，
之後仍然是無座票

「換」表示換過車票改搭其他班次，
「刷」表示信用卡購票，「訂」表示
語音或網路訂票

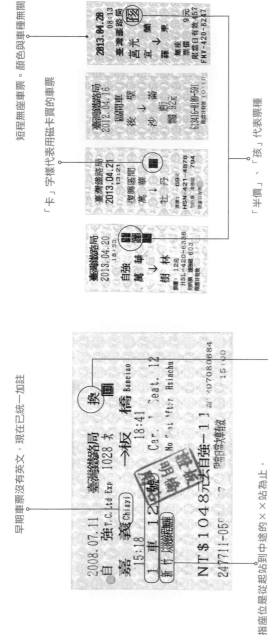

短程無座車票。顏色與車種無關

「卡」字樣代表用磁卡買的車票

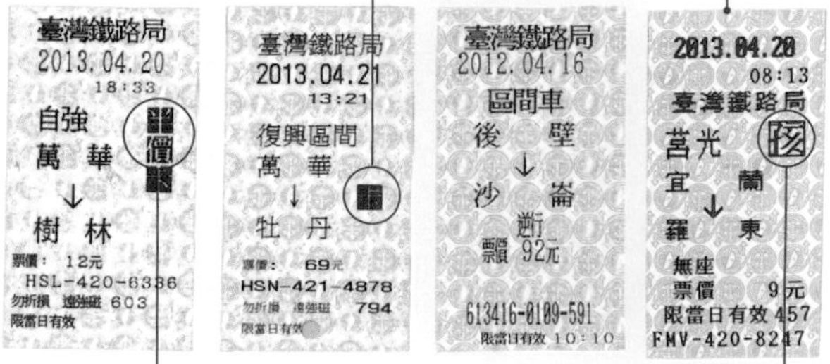

「半價」、「孩」代表票種

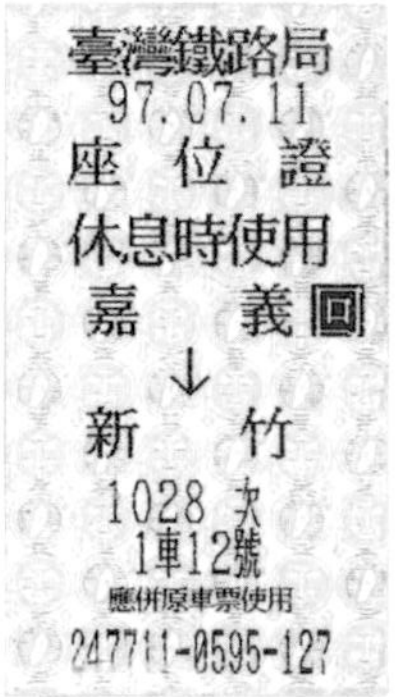

自強號車票和以前的座位證。乘客休息時，把座位證放在前方椅背的票插裡，就不會受到列車長查票打擾，是很貼心的設計，可惜現已被取消

●其他票證

除了一般常見的背磁式票卡外，台鐵也有其他特殊票卡可以使用：

電子票證：交通部正在推展各地大眾運輸工具的交通整合，「花蓮—基隆—枋寮」甚至各支線也已經可以使用悠遊卡、一卡通等電子票證搭火車而且不限制搭乘車種，非常方便，唯一缺點就是不能保存車票替旅程留下紀錄。電子票證的計費方式為：七十公里以內照區間車票價九折計算，超過七十公里的部分則以自強號費率計算。

聯運票：「聯運票」就是台鐵和國道客運業者合作，「花蓮—羅東」間以火車；「羅東—台北」間以國道客運合作載客。詳細規定請參閱台鐵網站。

週遊券：台鐵發售三條支線的一日券，可以在發售當日不限次數及區間自由搭乘支線列車。還有東北角一日券，可以自由搭乘「瑞芳—頭城」間與平溪線的區間車和復興號，也可以加價搭乘莒光號和自強號。這些一日券未必要在當地購買，也可以在台北、基隆等大站購買，詳情請見台鐵網站。

此外還有花東悠遊券，分成「玉里—知本」等幾個不同區間，和一、三、五日券的不同種類，可在指定的區間和效期內自由搭乘各級列車，但搭乘莒光和自強號時不劃位。太魯閣號和普悠瑪號因為不發售站票所以不能搭乘。

TR-PASS也是台鐵發售的一種優惠乘車券，又可分為學生版和一般版。本國籍學生可在寒暑假期間，預定乘車日的前三日內購買學生版TR-PASS的五日票或七日票，於效期內自由搭乘莒光號以下車種，但是不予劃位，也不能加價搭乘自強號。外國籍學生則全年皆可購買，甚至也能買十日票。

一般乘客則可購買一般版TR-PASS，有三日票和五日票，還有四人同行票，購票起三十日內必須任選連續的三或五日使用，可以自由搭乘各級列車，並可劃位搭乘對號車種。

●進站後首要目標——找對乘車月台

先說明一下火車站的設施。每個火車站都有月台，也就是讓旅客上下車的地方，即使無人招呼站也有月台，不過並不是每個火車站都有站房。絕大多數車站都有站房，有些無人招呼站也有站房，例如石榴，只是無人看守而已。

站房一般而言又可分為大廳兼候車室、售票口、剪票口、辦公室、廁所幾個部分，大一點的車站還有行李包裹房、收票出口、販賣部，甚至鐵路餐廳等。

大多數車站有兩個月台，分別停靠兩個不同方向的火車，其中最靠近站房的叫做第一月台。大站可能有三、四個月台，支線的招呼站可能只有一個月台，至於同一個月台的兩側分別以A、B表示。要進站上車時就要先確定要坐的車停靠哪一個月台，通常剪票口上方的電子看板就會顯示出，不然看指標或向站務員詢問亦可。其實台灣的鐵道路線很單純，通常只有兩個方向，不是南下就是北上，只有彰化、八堵這些有分歧線的車站才會有三個以上不同方向，所以找對正確的月台絕非難事。之後就是剪票進入月台。如果是「背磁式」車票，背面是黑色的，就可以從自動剪票閘門進去。這種背磁式車票要注意不可以折彎。

●從後段車廂上車——人少時的選位訣竅

月台上每隔一段距離就會有1、2、3、4……連續的數目字，表示對號列車的車廂位置，你的座位如果在第八車，就到「8」的地方上車。

不過事實上，有時可以不用這麼呆板。台鐵發售對號車票時，座位並不是亂數隨機分配的，而是可能把同一站上下車的人盡量排在同一節車廂。所以每節車廂人數不平均，有時候前面幾節車廂都快要坐滿了，後面幾節還是空的。所以如果你怕人多嘈雜，想找個安靜一點的地方，或是你的座位是靠走道的，但是想坐靠窗的座位，就不妨去別的車廂看看，有時就會有好結果。例如車票的座位在第二車，你就從第十二車上車，再往前走，這樣走可以不用折返。當然這種方法只適用於人少時，人多擁擠時有座位就不錯了。

如果坐的是非對號車，找地方坐即可，通勤電車會廣播站名。但是要注意一點，如果你是坐柴聯自強號，要小心火車可能開到中途被拆成兩段的狀況。例如有的自強號從樹林到台東，中途在花蓮會被拆開，只有前面六節車廂到台東，後面六節只到花蓮（列車長會廣播），所以此時不要坐後半段的車廂。

如果四人以上同行，而且是前後相鄰的兩組座椅，還可以把前方一組座椅倒轉一百八十度，讓四人可以面對面。

●旅途補給——車內販賣

對號列車都有茶水供應（太魯閣號、普悠瑪號除外），還會有車內販賣。賣的都是鐵路飯盒、零食、太陽餅、飲料、報紙、台鐵紀念商品等。其中最受歡迎的就是鐵路飯盒，如果是用餐時間經過台北、台中、花蓮、高雄等站附近，大概就會在車上販賣，因為這些車站有鐵路餐廳或車勤分部。台中餐廳製作的飯盒也會送到彰化和海線的火車上販賣。台鐵飯盒近年來大受歡迎，甚至紅到日本！所以現在越來越多沒有鐵路餐廳的大站，如板橋、桃園、新竹、斗六的販賣處，也可以買到台鐵飯盒。太陽餅是台鐵最常賣的地方特產。

通常車內販賣的工作都是由一個穿著白色上衣和粉紅色裙子的小姐擔任，不過近年來台鐵人員精簡，有時也常看到男性或是清潔人員在賣飯盒。想看到台鐵小姐推車賣東西好像變得不太容易了。

車內販賣開始之前通常會先廣播，如果車上人多，最好自己先走去買，或是在車站還沒上車前就先向販賣台購買，不要等小姐推車來，不然可能早就賣光了。東部幹線有幾個以賣月台便當出名的車站，最出名的是福隆和池上。以前東線有許多普通車，可以從窗子伸出手一手交錢一手交貨，可是現在的火車都不能開窗子，想買月台便當一定要擠到門口，對於真正要上下車的乘客也會造成影響。

●坐錯車時的奇妙補救法

坐錯了車怎麼辦？一般人直覺反應是馬上下車。可是這不一定正確。

如果方向正確，只是班次錯誤，而且真正打算要搭的車還趕得上的話最好，此時可以坐錯誤的車到正確的車的下一個停靠站再上車。例如你要從台北搭莒光號到新竹，誤上區間車，此時不要馬上在萬華下車，因為莒光號多半不停萬華。正確作法是到板橋下車再轉莒光號（這是假設區間車比莒光號先到板橋的狀況）。

如果連方向都錯誤，而且是火車班次少的地方，或許坐到比較大的車站再下車坐回原正確方向會比較好。例如你要從大甲南下到彰化，卻坐了北上的區間車，此時如果在日南下車，因為日南是小站，區間車班次很少，可能還不如坐到苑裡再轉南下的莒光號來得快。

有時候，雖然明知道某班車不是自己真正要搭的車，還是可以故意「搭錯」。例如你從新竹要前往山佳，如果照一般模式思考，只能在新竹等區間車。可是，搭區間車還要等半小時，而剛好此時有一班復興號進站，雖然復興號不停山佳，此時你卻不妨先搭這班復興號，到了桃園再下車，說不定可以剛好銜接上一班以中壢為起點的北上區間車，或在途中超越了一班之前在新竹錯過的區間車，就可以省下寶貴的時間。反正兩者票價相同，沒有補票的問題。當然，如果你願意被罰錢，必要時還可以越級乘車，只要上車後立刻找列車長補票即可。非常時期就要有非常手段，腦筋動得快的人，利用時刻表的功力也是很驚人的。聽說日本還有人會利用時刻表製造犯罪的不在場證明呢！

台鐵與客運車的搭配

台鐵現有的路線幾乎都是和公路並行的，不管是省道、縣道還是鄉道。雖然鐵道旅行當然主要就是坐火車，可是偶爾也還是可以搭客運車走公路看看，會有另一番滋味。

桃園以南的縱貫鐵路有許多火車站都在省道台一線上，「員林—斗南」間雖然鐵路往內陸偏移而遠離台一線，但是仍然和一四一縣道（員集路）、台三線、台一丁線公路並行。山線鐵路沿著台十三甲、台十三線、台三線和台一乙線而行。花東線鐵路大致和台九線並行。至於樹林中山路、楊梅民富路那樣比較短的鐵公路並行路段也不少。這些路段都同時有火車和客運車行駛，可以互相搭配運用。

火車與客運車搭配最好的例子是在火車班次比較少的地區，如集集線，如果懂得和員林客運或總達客運搭配，靈活運用，就可以多玩一個地方，起碼多參觀一個火車站沒問題。

集集線：「二水—水里」間和員林客運「員林—水里」線平行，「二水—濁水」間也可以搭乘員林客運「員林—竹山」線，「集集—水里」間還可以搭乘員林客運「水里—竹山」線，總達客運「水里—台中」線班車則行駛於「濁水—水里」間，班次密集，客運車站離火車站都很近。不過懂得利用客運車的人很少，非常可惜。

內灣線：「新竹—竹東」間可以利用新竹客運「新竹—下公館」線，市區公車1路行駛「新竹—竹中」，而「竹東—內灣」間可以搭乘新竹客運「竹東—八五山」、「竹東—那羅」。「竹東—合興」間還可以搭往關西、龍潭、中壢的班車。竹東火車站離新竹客運竹東站比較遠，不像員林客運水里站就在水里火車站大門外，要注意轉乘時間，出發前建議先自行參閱地圖。

平溪線：三大支線中最能和客運車搭配者就是平溪線。搭乘內灣線和集集線的列車坐到終點，大概只能原路折返，但是平溪線列車坐到終點之後卻可以往前延伸，沿著一〇六縣道而行，到石碇、深坑、木柵。或者也可以說，平溪線是三大支線中最能逆向出發的，反其道而行，從菁桐開始玩起。台北客運「木柵－平溪」線（現稱795路）的班車從一〇二年起，和觀光局合作，改為「台灣好行」，假日增開班次而且全部可以到十分。所以平溪線之旅的路線就可以規劃為環狀，像是：

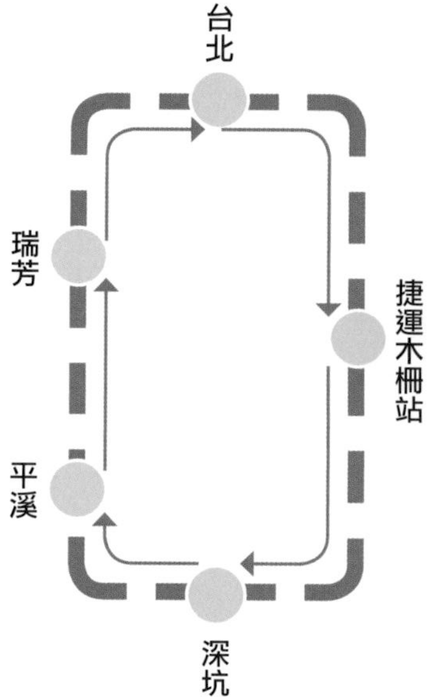

如此一來，完全不必走回頭路，筆者個人規劃行程也都喜歡弄成類似的環狀路線，去程和回程能享受到不同的風景。

●想看貨運與廢棄路線，搭客運更便利

當然，要參觀貨運支線和廢棄路線就更要搭客運車了。要參觀深澳線可以從台北搭「台北－羅東」的國光客運，或從基隆搭「基隆－福隆」的基隆客運，在水湳洞下車往回走。基隆市公車103路只到八斗子。至於林口線，桃園市境內可以搭乘市公車105路，南崁一帶可以搭市公車106路、以及桃園客運「桃園－竹圍」（或至南祥路、下福、下海湖、經山腳至竹林山寺）等線。

如果要到南崁以後的路段，最好搭乘「桃園－下福」線，因為它的路線大致都和林口線平行，經過七處平交道，而且可到達林口線的終點——林口發電廠，車程約需一小時。「桃園－下海湖」線大致和下福線重疊，亦可抵達海湖地區，只是不到西濱公路。蘆竹鄉民免費巴士藍海線亦可利

用，行經海湖、海山、長興等站。

海線地區可以利用苗栗客運、巨業交通、仁友客運。山線地區火車班次較多，但是如果想進行小站巡禮，而區間車還要等很久的話，就可以利用客運車。「竹南—苗栗」間有苗栗客運，「苗栗—后里」間有新竹客運，「后里—台中」間有豐原客運。班次最密集的是「台中—彰化」間，有多家客運公司。

「彰化—員林」間的彰化客運班次也很多，「員林—二水」間可以搭員林客運。雲林的台西客運、嘉義的嘉義客運和嘉義縣公車、台南的新營客運和興南客運、高雄的高雄客運、屏東的屏東客運多少也都有和鐵路並行的路線。花東縱谷則有花蓮客運和鼎東客運。這些客運公司都有專屬的網站，上網即可查得路線及時刻表。

北台灣

走訪寂寞小站

台灣北部早期由於林業、礦業的發達，設立了平溪線、內灣線等支線；產業沒落後，人去樓空的車站也跟著沉寂，配上北部相較濕冷的天氣，更增添幾許冷清。

山佳站（舊）

難以尋回的風采

山佳站是距離台北站最近的老車站，住在台北的人若想做小站巡禮，山佳站是最好的開始。台鐵山佳地區鐵道截彎取直的工程完工後，新建一個跨站式的車站，當時的樹林市長、市民代表建議台鐵保留舊山佳站房、舊鐵道和月台，規劃成鐵道懷舊公園和露天咖啡座。

●古樸的舊站房

山佳站位於樹林中山路三段的一個丁字形路口，公路的三個方向分別通往樹林市區、鶯歌和三峽，雖然有台北客運、首都客運、指南客運行駛，可是都不如火車便利。山佳舊站房興建於民國十七年，鐵道至今仍是當地居民最方便的交通工具。如果把它前身的歷史一併計入，歷史已經超過一百年。該站房是磚造，擁有木造的屋簷、洗石子的外牆和柱子、鐵軌做成的月台遮雨棚骨架，頗有古意，已經被列為古蹟。

①山佳站舊站房

②尚無天橋的山佳站月台

現在山佳站前的廣場是最近幾年才出現的，原本沒有這個廣場，而山佳站躲在一條小巷子裡，外地人恐怕不容易找到它。當時的山佳站是很難得一見的一個汽車無法開到大門口的火車站，和三貂嶺車站一樣，這成了它的特色。因為巷道狹窄，建築物掩蔽，也無法拍下車站正面的完整照片。不過現在車站前的建築物都已經拆除，變成一個廣場了。

此情可待成追憶

民國九十五年以前的山佳站，是台北都會區難得一見的「既沒有天橋也沒有地下道」的火車站。乘客想到對面的月台，得要看清左右兩方沒有來車後，再趕緊大步跨越軌道，相傳那時山佳的女孩子害怕因此走光，都不敢穿迷你裙來搭車，久而久之就有了「山佳的女孩不穿迷你裙」的趣聞。在當時，台鐵一些無人站，如石榴站，都有天橋，反倒是山佳站沒有，直到九十五年底，山佳站的天橋才興建完成。

舊山佳站剪票口

舊山佳站的另一特色是站內軌道彎曲呈S形，舊第一月台呈半月形，第二月台則是直線設計，這使得電聯車停靠第一月台時，車門和月台的間隙特別大，上車必須把腳抬得很高。民國九十八年鐵道截彎取直之後，這種情形已不復見，舊第一月台也被拆掉了。

Data

地點：新北市樹林區／**設站年份**：一九〇三年／**所屬路線**：縱貫線／**特色**：舊站房為市定古蹟

樹林鎮農會山子腳辦事處（舊址）

沿著中山路三段往樹林的方向走，距離山佳站不遠處的加油站旁邊有一棟小木屋，上面寫著「樹林鎮農會山子腳辦事處」。山仔腳是山佳的舊稱。這棟小木屋顯然也是年代久遠的建築，原本是綠色的，現在被漆成白色，更糟糕的是房屋被削掉了一部分，相當可惜。

新北市樹林區中山路三段30號（樹林農會山佳加油站旁）

樹林站

山佳站距離樹林站很近，在台北鐵路地下化東延南港、汐止五堵高架化完工之後，樹林站成為距離台北都會區最近的地面車站，而且它又是東線列車的收發站，因此柴聯自強號等東線車種也會停靠，常吸引鐵道愛好者前往攝影。

樹林站北側樹新路天橋和俊英街平交道也都是不錯的拍攝點，都可以和山佳站一併造訪。現在在台北已經很難得看到平交道了，台北客運的聯營701路（迴龍－台北）是唯一能行經台北市中心又會經過平交道的公車。

新北市樹林區樹北里鎮前街112號

（攝影：謝儀方）

（攝影：謝儀方）

驛旁漫遊

蓋淡坑煤礦遺址

早期的山佳站也辦理貨運，主要是運煤，煤礦產地位於山佳車站後方的山上，和鶯歌的煤礦同為台北地區的煤礦產地中少見位在大漢溪左岸的。其中位於信和街的蓋淡坑煤礦遺址，早在民國四十八年已經封坑，目前在地方人士努力之下，積極爭取保存做為展示空間。以前的山佳站還有用來運送石碴的側線，之後因為煤礦和石碴的來源枯竭，山佳站的貨運已經於七十二年停辦。

新北市樹林區信和街49巷底

三貂嶺車站
Sandiaoling Station

三貂嶺站

深藏不露的孤獨小站

三貂嶺站位於人煙稀少的山區，鄰近基隆河谷，地點偏僻，只在幾百公尺外有幾戶居民，是全台唯一沒有聯外道路可以直達的鐵路車站。劉克襄先生在《11元的鐵道旅行》中，更曾讚譽三貂嶺站有著「全世界最貴重的孤獨」。

平溪線的真正起點

三貂嶺站本身建築雖不特別，卻也是很值得一看的車站。它位於猴硐和牡丹兩站之間，行政區屬於瑞芳。宜蘭線鐵路沿著基隆河谷而行，三貂嶺站正是宜蘭線和平溪線的分岔點。平溪線繼續沿河谷延伸，而宜蘭線則鑽進隧道通往牡丹、雙溪。做為兩線交會處，三貂嶺站本來是作為工作用車站設立的，地位

鐵道豆知識

坐火車時如果發現鐵軌突然分岔，出現許多側線，通常就表示列車要進入某個車站了。不過三貂嶺站、一些無人站和台鐵近年增設的都市通勤車站卻不如此，因為這些車站附近已經沒有足夠的平地空間可以鋪設側線，也沒必要辦理列車交會或待避。你如果坐快車，經過三貂嶺時不仔細看，很容易就會錯過它。

①三貂嶺車站（攝影：楊志雄）②緊鄰山壁的月台 ③已被拆除的號誌燈

售票口
Ticketing Window
臨時售票口
Temporary Ticketing Window
NO SMOKING
車站區內全面禁菸
服務鈴
1

三貂嶺瀑布
2.7km
瑞芳
Rueifang
7km
2

手作DIY
3

鳴
4

自然不一般，即使附近人煙稀少，三貂嶺站依然是三等站，有專人管理，辦理電氣路牌閉塞等工作，等級高於十分、平溪等簡易站。

三貂嶺站的大門口緊臨基隆河谷，形勢侷促，走出大門立刻就要向右轉才能出站。和舊山佳站一樣，站內無天橋及地下道，乘客須在站務人員引導下跨越軌道乘車。它的第一月台上本來有個號誌樓，是個兩層樓高的水泥建築，讓人在樓上指揮列車營運。台灣有號誌樓的火車站很少，許多大站也沒有號誌樓，反倒是三貂嶺這個小站有一個。可惜已遭拆除，不然如果能在樓上欣賞基隆河谷風光，應該是很愜意的。第二月台則有一側是山壁，也算相當罕見。

距離車站不遠處，基隆河對岸的山壁上有個已經封閉停用的舊隧道遺跡，上面是日據時代的題字「至誠動天地」，顯然是在勉勵當時興建這座宜蘭線鐵路隧道的工程人員，讓人不禁聯想起愚公移山的故事。

● Data

地點：新北市瑞芳區／**設站年份**：一九二二年／**所屬路線**：宜蘭線、平溪線／**特色**：無聯外道路可達；鄰近基隆河谷

①站內售票口 ②三貂嶺瀑布群步道路標 ③站旁已荒廢的民居 ④過站不停的自強號（右頁圖片攝影：楊志雄）

猴硐站

有的時候，車站反而不如它旁邊的某樣東西來得引人注目，例如二水車站本身就不如它站前的四棵椰子樹起眼（不過後來竟然少了一棵）。如果沒有這四棵樹，就會有二水站變成不像二水站的感覺。

●跨站式車站先驅╳新興旅遊景點

猴硐也是一個車站本身不如旁邊物體顯眼的例子。真正會讓人們注意的，是它旁邊一棟寫著「產煤裕國」四個大字的瑞三礦業公司廢墟。這棟大樓已經完全荒廢，破敗不堪，雜草長到樓上去了。儘管如此，它卻是台灣煤礦史興衰的最佳見證。以前煤礦開採尖峰期，猴硐站和瑞三公司之間必定關係密切，貨運繁忙。和土城的海山煤礦、平溪、三峽的廢棄礦坑一樣，礦業沒落之後，繁華不再，變成了一個寂靜的小村落。

目前的猴硐站只是三等站，猴硐站的車站本體在二樓，所以旅客進站第一件事就是一定要先上樓，之後再看要去第幾月台下樓乘車。晚近改建的許多新車站如山佳、鶯歌、楊梅、竹南、斗六

①新舊站房並列的猴硐站 ②二水站 ③煤礦博物園區的運煤橋 ④～⑦園區內的展覽，述說著過往礦工們的辛酸血淚（①③~⑦攝影：楊志雄）

做久了就不會怕
吃藥
挖掘勒
都是煤
熱
猴硐
辛苦 很難洗

5

猴硐
煤礦博物園區
Houtong Coalmine
煤礦博物

4

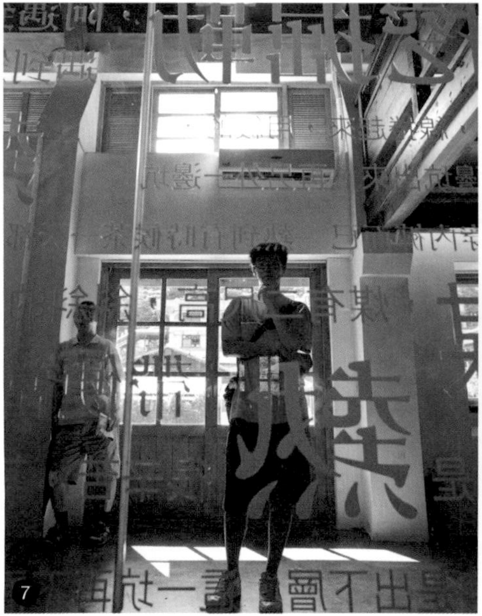

7

6

新站都是類似這樣的跨站式建築，也就是車站在月台上方，而非同一平面，以因應台灣地狹人稠的環境。但是猴硐站卻老早就是如此，它可說是跨站式車站的先驅。

猴硐、金瓜石、九份都是瑞芳鎮境內的礦業聚落，昔盛今衰，和鄰近的三貂嶺、基隆一樣都在台灣東北，地形多山，氣候多雨，天空總是灰濛濛的一片，感覺有點悲情。當地居民不多，該站的乘客反而是以外地來的遊客居多。瑞三公司廢廠房和鄰近的礦業遺跡也都是代表當地產業的文化財，廠房前的廣場已經經過整頓，附近有山、有水、有橋，附近山區有金字碑古道和貂山古道，大小粗坑步道有昔日的金礦聚落遺跡，可通往金瓜石、九份，是郊遊健行的好去處。

●Data

地點：新北市瑞芳區
設站年份：一九二〇年
所屬路線：宜蘭線
特色：跨站式車站的先驅；鄰近新興觀光景點「貓村」

①行經小鎮的莒光號 ②緊鄰基隆河的煤礦博物園區 ③猴硐國小也是許多遊客喜愛的拍照景點

猴硐煤礦博物園區

民國九十九年七月，在台北縣政府的努力之下，猴硐煤礦博物園區開幕了。園區內願景館的前身是瑞三選煤廠倉庫，介紹煤礦產業相關的人事物，以文字及影像呈現猴硐地區的特色。

新北市瑞芳區猴硐柴寮路
（猴硐火車站正對面）

猴硐貓村

曾在一〇二年被CNN評選為「世界六大賞貓景點」之一的猴硐貓村（貓街），是車站周邊的新興景點。當地早期便有許多貓群棲息，成為知名景點後更吸引了不少愛貓人士，當地還有全球唯一的「人貓共用天橋」，喜歡貓咪的你，不妨也來這裡走走吧！

以光復里柴寮路一帶為中心的山村民宅古街

其他轉乘資訊

猴硐有兩線公車，分別是往瑞芳的808，和往九份、金瓜石、水湳洞的826。其中826只有假日行駛，半小時一班，要串聯九份、金瓜石、黃金瀑布等景點相當容易，或繼續搭火車往平溪也是很棒的一日遊行程。

驛旁漫遊

金字碑古道

金字碑古道是淡蘭古道中的一段，本是清代聯通台北與宜蘭的重要道路，古道上留有當時台灣總兵劉明燈的詩碑：「雙旌遙向淡蘭來，此日登臨眼界開。大小雞籠明積雪，高低雉堞挾奔雷。穿雲十里連稠隴，夾道千章蔭古槐。海上鯨鯢今息浪，勤修武備拔英才。」因碑文當年嵌有金箔而得名「金字碑」。雖然名氣不響，遊客稀疏，但不失為登山健行、尋幽訪古的好去處。

新北市瑞芳區九芎橋路69-1號
（猴硐國小西南方）

暖暖站

暖心的名字，冷清的站

從台北坐火車到宜蘭，過了八堵之後鐵路就會出現分叉，左線往基隆，右線往宜蘭，而往宜蘭方向的第一站就是暖暖。它是個只有慢車停靠的無人小站，沒有站房與站內側線等設施，所以總是很容易被人忽略。

●無人小站話暖暖

暖暖站只有月台而沒有站房，車站本身沒啥看頭，不過暖暖卻是一個可以慢慢說故事的地方。它是一個歷史相當古老的聚落，早期台灣的陸上交通中，水運佔了相當重要的地位，所以在基隆河邊的暖暖就成為鄰近地區的對外交通門戶和貨物集散地，它的腹地包括平溪和瑞芳。暖暖本身也是煤礦產地，基隆河裡又曾經有人發現過砂金，於是暖暖盛極一時，據說早期的暖暖也相當熱鬧，有一條老街，可惜現在沒了。

站外天橋，可以直接橫跨馬路到暖江橋邊

兩個車站月台之間有天橋相連

暖暖也曾經是中法戰爭的戰場，清光緒十年，法軍進犯基隆和淡水，一度攻陷暖暖。基隆不但是台灣北部的最大港口又是煤礦產地，因此成為法軍攻擊的目標。當時才剛到台灣的劉銘傳率兵抵抗，次年戰事結束，台灣建省，劉銘傳就成為首任巡撫。

劉銘傳就任之後興建基隆到台北的鐵路，取代了基隆河的水運，之後日據時代宜蘭線鐵路也通車，暖暖火車站於是出現。可是由於公路交通也逐漸發達，鐵路又被公路取代，加上暖暖的礦業又比不上瑞芳而逐漸沒落，於是暖暖站的地位一落千丈，最後淪為無人站。

暖暖站曾擁有的「宜蘭線最後一個木造站房」，但也在一九九四年被台鐵以「整修困難」為由，慘遭拆除，如今只餘空曠的兩座月台及一座天橋。這曾經熱鬧一時的小站，現在變得這樣冷清，不免讓人唏噓。

● 鐵道豆知識

關於暖暖站本身比較值得一提的，是二〇一二年在兩個月台上都裝設了電子驗票機，成為台鐵第一個設立電子票證業務的無人招呼站，首開風氣之先，也算是在台灣鐵道史上留名了。

電子驗票機

斑駁的站名標示

● Data

地點：基隆市暖暖區／**設站年份**：一九一九年／**所屬路線**：宜蘭線／**特色**：無站房的無人招呼站

驛旁漫遊

大菁休閒農場

暖暖當地也出產一種經濟作物——大菁，是做藍染用的主要染料之一。如果想要親身體驗傳統的藍染之美，不妨到暖暖的大菁休閒農場一探究竟，農場主人為了復興當地產業可是煞費苦心。在這裡遊客可以學習到自然染料的染製過程，自己手作DIY；等待染布乾燥的同時也不妨在農場裡參觀一下，感受自然之美。農場目前採預約制，來之前可別忘了電話預約。

基隆市暖暖區東勢街100之1號
電話：（02）2457-2869

暖江橋

雖然老街沒了，但是暖暖還有不少可以遊逛之處，像基隆河的暖暖壺穴、暖東峽谷。流經車站旁的基隆河段，就是壺穴分布最密集、發育最成熟的地方，只要到站外的暖江橋畔就能一覽無遺。暖江橋在二〇一五年完成改建後，不只拓寬人行道，也增設景觀平台，白天就能在此觀賞橋下的壺穴群，夜晚也有橋梁光雕藝術可以欣賞。

基隆市暖暖區暖江橋

其他轉乘資訊

1.往基隆市區：目前暖暖是基隆的一個區，到基隆的交通以602路市公車為主，如果搭火車要在八堵轉車。
2.省道台二丁線：連接八堵－暖暖－碇內－四腳亭－鰈魚坑－瑞芳的公路，有「基隆－八堵－瑞芳」的787路基隆客運行駛。
3.省道台二丙線：即近年通車的基福公路，可以搭「南港－福隆」線的1577路首都客運，從暖暖到平溪，甚至雙溪和福隆。

四腳亭站

暖暖的下一站是四腳亭，入口處的站房其實已經停用，目前售票處是在第一月台上，要先過地下道才能購票。四腳亭以前也是一個煤礦產地，四腳亭車站還出售硬式車票，附近還有四腳亭砲台，也可以和暖暖一併遊覽。基隆客運的「基隆－四腳亭」1011路小巴和基隆市公車601路班次還不少，相當方便。

暖東苗圃

暖東苗圃以自然教學和苗木培育為主要發展方向，有生態展示館、自然步道等規劃，苗圃內還有三百多種植物與兩百多種蝴蝶，是基隆近郊親樹、賞蝶的好去處。民國九十八年暖暖吊橋開放後，更聯通了對岸的暖暖運動公園，往來遊憩更加便利。

基隆市暖暖區東碇路12號

合興站

　　合興站位於內灣線的九讚頭、南河（現已改名富貴）之間，離省道台三線很近，附近的地名叫做十分寮，所以合興站早期也被稱為十分寮站，後來因與十分車站的舊名「十分寮驛」太過相近，才改名合興。

●少見的折返式車站

　　以往合興站的功能，以運送水泥原料為主，當時雖然知名度低，卻相當有意思，因為它是早期台鐵少數的「折返式車站」。

　　所謂「折返式車站」，簡言之就是：火車交會時，其中一列必須先倒車再前進。因為這裡的鐵路是在斜坡上，為了避免停在站內的火車往下滑，車站裡有兩個不同的軌道平面（連月台都是有兩個平面），其中的正線是斜坡，讓先走的列車通過；側線是水平的，可以讓後走的列車停放。

　　不過現在內灣線已經不在合興站辦理會車，合興還被降等變成無人站，所以已經看不到實際運作的情形了。

1

2

3

①合興車站的控制站房 ②處理會車業務用的拉桿 ③本圖於站外的公路上拍攝，居高臨下，視野較佳，可以明顯看出月台兩側的鐵軌確是不同坡度的平面。 左頁：合興車站（①②攝影：楊志雄）

興
合
HESING STATION

一段動人愛情，挽救廢站命運

內灣線上原有的水泥、樟腦、木材等產業相繼沒落之後，合興站一度面臨廢站的命運，讓人沒想到的是，它卻在一對善心夫婦的認養下，重獲新生。

民國四十九年，就讀新竹中學高三的曾春兆，在上學期第三次段考當天睡過了頭，到月台時，火車已經啟程。為了趕上火車，他一路從合興站跑了兩公里多，一直追到九讚頭。支撐著他如此追趕的原因，並不是因為多麼在意考試成績，而是擔心若因缺考而留級，他將再也無法與火車上認識的心儀女孩——鄰校全年級第一名的彭智惠，維持友誼。

曾春兆成功追上了火車，後來也成功的追到了女孩。時光荏苒，當年見證兩人愛情的火車站已荒涼不堪。已為人祖父母的曾氏夫婦於是認養了合興車站，後來更吸引了文創團隊的進駐，將這裡打造成知名景點。如今的合興站，仍然是一個值得探訪的木造老車站。從竹東搭乘往中壢、八五山、那羅的新竹客運也可到達。

Data

地點：新竹縣橫山鄉／**設站年份**：一九五〇年／**所屬路線**：內灣線／**特色**：折返式車站設計；愛情主題景點規劃

左頁：站內有眾多愛情主題的裝置藝術（攝影：呂增慧）

愛情車站
合興
Hexing
愛情 ⟵⟶ 幸福
Ai cing
Sing fu

長長99月台
從起點到終點 只要手牽手
一起走了99步 我們就會永遠在一起
走著、數著、天旋地轉著
誰墜入情網，不會變成傻瓜？

勇氣塔

出口
Exit
合興車站
Hexing Station
兼差。

合興
Hexing
愛情 ⟵⟶ 幸福
Ai cing
0.01公里(Km)
Sing fu
9.99公里(Km)
我終於遇見了你
有沒有一班車
可以直達你的心裡？
合興車站
打卡啦
FREE WiFi

香山站

全台唯一，檜木車站

香山站也是木造老車站。雖然鄰近新竹站，和新竹站同樣都是歷史悠久的建築物，可是香山站的知名度卻遠不如新竹站，只有區間車停靠，居民反倒比較常搭乘班次密集的苗栗客運班車來回新竹市區。

●充滿日式風情的樸實小站

事實上，香山地區的發展史早於現在的新竹市中心，清末竹塹城建城之初，居民需要的物資多由大陸經過香山港運來。可以說：香山是早期新竹的門戶，當然現在早已沒落了。

當年香山港的盛況今已不復見，不過香山仍然是新竹和竹南、頭份之間的交通要道，有台一線、台十七線、台十三線三條省道交會。沿著中華路南行，會看到苗栗客運的站牌上寫著「海山罟」、「鹽水港」、「內湖」等站名，由這些遺留至今的地名依稀可見往日盛況。

香山車站現貌

●鐵道豆知識

香山火車站，是典型「入母屋造式」的木造建築，特色是屋頂左右兩端山牆部分，再延伸出三角形底邊等寬的屋簷，凡日式建築屋頂大都採取相同樣式。在舊七堵站走入歷史後，香山站就成了台鐵唯一一座採取「入母屋造」式建築的車站。

②還沒有天橋時的香山站

③站內售票口

④車站屋簷下，感覺頗有古風（①③④攝影：呂增慧）

4

2

3

與日式站房格格不入的彩繪天橋

香山站雖然只是一座小站，原建於一九二八年的站房，卻是現在全國唯一、碩果僅存的檜木車站，檜木用料全是由阿里山運來，如今已是新竹市市定古蹟。值得一提的是站房的造型，是「入母屋造」式建築，入口位於站房端部，並設有玄關，日式風格明顯。

之前香山車站也和山佳車站一樣，是個難得一見的既沒有天橋也沒有地下道的火車站，不過九十五年底也搭起了天橋。比山佳站落後之處是它到了九十六年還沒有自動售票機和自動剪票口，月台是露天的，沒有遮雨棚。

現在已經看不到了當年香山站的原貌，因為現在的站房後新建了一座彩繪天橋，與站房格格不入，景觀遭到嚴重破壞。由於天橋的施工比地下道簡單，費用也比較便宜，所以許多車站都有天橋而沒有地下道。像日南車站那樣用地下道而不用天橋，使得整體視覺景觀保持良好，是個很幸運的特例。

Data

地點：新竹市香山區／ **設站年份**：一九二八年／ **所屬路線**：縱貫線／ **特色**：入母屋造式木造站房；全國唯一檜木搭建車站

驛旁漫遊

崎頂站

出了香山站往南走再右轉就是香山港，可以看海；或不往海邊走，改往山上視野更佳。如果繼續南行，下一站就是苗栗最北端的崎頂站。崎頂站是無人站，本有一座木造站房，不過目前也已拆除。

崎頂站離海更近，不過因為它已經偏離省道很遠，所以沒有客運車經過，只能搭火車。車站東側的山上有觀景台，又有步道可以連接母子隧道。附近有不少發電用的風車，同樣也是看海的好地方。

苗栗縣竹南鎮崎頂里北戶55號

崎頂鐵道文化公園（母子隧道）

崎頂站北端有個「母子隧道」，如今已重新規劃，變成崎頂鐵道文化公園。據說是全國唯一兩個連續的雙軌鐵路隧道。興建於民國十七年，六十二年停用，至今留有二次大戰期間的彈孔，九十四年登錄為苗栗縣歷史建築。隧道附近綠意盎然，網友盛讚此地宛如動畫《神隱少女》的場景，值得一遊。

苗栗縣竹南鎮（崎頂車站北端）

竹南啤酒廠

竹南啤酒廠距離崎頂也不遠，可以順便一遊。竹南啤酒廠是台灣菸酒公司旗下面積與產能都位列第一的啤酒廠，一〇四年時通過觀光工廠評鑑，成功轉型。除開放預約參觀工廠外，也設有瓶酒文物館與DIY體驗，更有產品推廣中心提供遊客暢飲。

苗栗縣竹南鎮和興路345號

中台灣

追憶海線風情

苗栗談文至苑裡一段，是海線最靠近台灣海峽的一段，沿途有巨大的白色風車，有古樸的木造車站，甚至能遠眺海景。乘上區間車，來體驗海線的浪漫風情吧！

攝影：謝儀方）

海線五寶

談文、大山、新埔、日南、追分

台鐵的海線有幾個木造的老車站，不但年代相近（都是民國十一年），建築形式也都大同小異，人稱「海線五寶」（或「海線五兄弟」），其中大山、新埔、日南三站甚至是完全相同的三胞胎（本來龍港站也是，但已遭拆除改建）。這幾個日式的木造老車站之所以能保存至今，倒不是因為台鐵重視文化資產的保存，而是因為它們的業績清淡、旅客稀少，沒有必要改建。這幾個車站亟需大家的關愛眼神。如果有機會經過它們，不妨下車駐足欣賞一番，再向窗口借紀念章來為旅程留下紀錄。

●貨運盛況不再，依舊古意盎然

談文站位於海線最北端，行政上屬於苗栗縣造橋鄉，大概是這幾個車站當中最不起眼的。雖然它在大馬路上，可是它不但沒有站前廣場，還躲在省道台一線的路基底下，公路的護欄大致已經和它的屋簷一樣高，無法拍攝它的正面照片。主要是因為台一線拓寬工程徵收了它的前庭。附近居民又少，要不是有個招牌，誰也不會注意到路邊有個火車站。不過，它曾經是個貨運大站，民國八十七年的《聯合報》鄉情版有一篇黃瑞典先生所作的文章〈談文說當年〉，介紹談文車站相當詳細。據該文指出，約在民國六十五年，該站每天進出乘客約二百人，算是平平，但是貨運業績頗佳，造橋的相思木炭、紅瓦、農產品，以及南庄的煤礦都由此運送。民國五、六十年代是談文站貨運的尖峰，還有一條支線通往苗栗縣農會倉庫（將軍鮮奶廠），運輸糙米、肥料等。

可是之後就盛況不再，每下愈況，貨運已於七十九年停辦，目前淪為無人站，難得有人在此上下車。談文站的建材是從日本運來，相當堅固，至今可見當年二次大戰留下的彈孔。古意盎然，保存良好。

談 文
嚴禁跨越軌道
止 通 行
2

1

日 南
Rihnan
4

大 山 車 站
Dashan Station
3

一座車站，一段故事

大山站在談文站之南，是海線南下的第二站。大山站和談文站的情況類似，早期也曾經是貨運大站，後龍也出產相思林木炭，和造橋的一部分磚瓦都是經過大山站對外運銷。日據後期大山站和後龍站、外埔漁港之間還曾經設有軍用機場，做為「神風特攻隊」的飛行訓練基地，因此大山站早年也頗受重視。

新埔站是西部幹線上離海最近的車站，從車站大門即可看到海，還曾上過電視，被TVBS的《台灣念真情》介紹過。車站南方便是以人物塑像聞名的秋茂園。

到了日南站，就已進入台中，站內有地下道連接站房與月台，而沒有天橋，所以整體視覺景觀最佳，新埔站的站房背面就被天橋擋住了。日南站也是海線上少數販售名片式車票的站點，站內還收藏著民國五十一年「日南－基隆」的普通票，背面還印著「保密防諜人人有責」，自有其時代價值與歷史意義。

追分站是海線的最南端，與成功站連通了山海兩線，用以往來兩站之間的「追分－成功」車票，也是台鐵始終長銷的紀念品。站房的外型、色調都和其他幾站差異較大。

① 新埔站 ② 古意盎然的談文車站 ③ 大山站 ④ 日南站站後舊貌

鐵道豆知識

很多人知道山線鐵路經過造橋，海線鐵路經過後龍，卻很少有人知道海線第一站談文在造橋鄉境內，而山線第二站豐富在後龍鎮境內。造橋和後龍是台灣唯二境內兼有山線和海線車站的鄉鎮。

大山站（攝影：呂增慧）

大山站站內舊貌

追分站

整修過的日南站（攝影：謝儀方）

參訪五寶的小訣竅——轉乘客運

你如果有興趣參觀這幾個五個車站，可是又受限於時間，海線火車班次又比山線少，就可以考慮搭配客運車。苗栗客運「竹南—後龍」線經過談文和大山，「新竹—大甲」線經過談文、新埔、日南，「苗栗—大甲」線、「苑裡—大甲」線經過日南，新竹客運「苗栗—通霄」線經過新埔，巨業交通「通霄—大甲」線經過日南，「沙鹿—彰化」線、「台中—王田—沙鹿」線，以及仁友客運１０５路和台中客運１０２路都經過追分。

如果不能五個都參觀，筆者推薦日南車站。因為談文、新埔兩站都因為受限於前方道路，無法拍攝正面照片；新埔站、大山站的候車室內屋頂變成了現代化的正方形蔗渣板，從室內看不到靠近屋頂處圓形的小窗，不像日南站的屋頂仍保留原狀；大山站和新埔站的站房背面都被天橋和遮雨棚擋住，視覺景觀遭到嚴重破壞。日南車站就完全沒有這些缺點，而且還出售硬式車票！

Data

地點：苗栗－台中／**設站年份**：一九二二年／**所屬路線**：海岸線／**特色**：均為將屆百年的木造車站（地方指定古蹟）；日南站販售名片式車票

順便一提，山線的后里站和三義站原本也是木造老車站，可是都已經和龍港站一樣遭到拆除改建。因此，保留現有的這些有特色的老車站，也是珍貴的文化財，成了很重要的一件事。現存的縱貫線的香山、石榴、後壁、林鳳營、保安、屏東線的竹田舊站、平溪線的菁桐、集集線的集集、內灣線的合興也都是木造老車站。

比較幾個車站建築形式的異同也很有趣，例如山線的造橋站、銅鑼站、舊泰安站、海線的清水站、縱貫線的二水站、舊橋頭站、路竹站和淡水線的淡水站（已拆除）這八個雖然不是木造車站，建築形式卻彼此類似，也都是古色古香的老車站。花東線上的同型車站更多，統一外形，許多都是新舊兩種站名看板並存，舊的只有「××站」三個大字，而新的比舊的多了台鐵局徽和「車」字。鳳林站和關山站也是雙胞胎。讀者不妨留意一下。

如果你就住在苗栗，希望你花一點時間，偶爾換一個地方上下車，換一個心情，也可以觀察造橋、銅鑼兩站。其中造橋站也頗值得一提，它的命運和談文類似，早期也是木炭和磚瓦的輸出貨運大站，還有錦水天然油氣田，使造橋曾經相當繁榮。但現在也淪為無人站，而車站附近有一些日據時代的宿舍和建築群保存和文史導覽解說可參觀。造橋有苗栗客運「新竹－竹南－頭份－造橋－苗栗」的班車經過，一小時一班。

台灣的木造車站

龍港站

西部幹線上被遺忘的小站

現在的龍港站已經變成了無人招呼站，以前和大山、新埔、日南相同的木造老站房早已不存。龍港站本身沒什麼特色可看，也不是老車站，不過它的所在地卻很值得一提。行政上屬後龍鎮龍津里，地名叫做公司寮，新竹客運5667路「後龍—三湖」線班車可抵。

昔日熇熇，今之涼涼

六十七年次以前的人可能還有印象，民國七十年代的國小社會課本第五冊裡所講的「自助里」的真實故事，就是發生在這兒。它位於後龍溪的出海口，日據時代是一個很熱鬧繁華的商港，和大陸之間商船往來頻繁。但是到了日據後期，港口逐漸淤塞，從此船去財空，人去樓空，昔日之熇熇，而今之涼涼。光復初期，政府重新建設此地港口，公司寮港一度起死回生，但是國共內戰導致台灣與大陸之間的海運中斷，又對它造成打擊。民國四十五年左右尚有約四十艘漁船作業，可惜有一年海水倒灌，沖毀了海岸的防風林和漁港，加上後龍溪中、上游大量開發，造成港口淤淺，結果又冷清了下來，環境髒亂不堪，人口嚴重外流。現在的公司寮港只剩下幾艘膠筏停泊。

民國六十年代，當地居民社區意識強烈，敦親睦鄰，同心協力建設家園，美化環境，還在民國六十四、六十五連續兩年獲得全省「社區比賽金馬獎」，成為政府推展社區建設的範例。於是國立編譯館選擇此地的建設經過作為國小社會課本第五冊「社區的組織」的教材，至今為人津津樂道。

Data

地點：苗栗縣後龍鎮／**設站年份**：一九二二年／**所屬路線**：海岸線／**特色**：鄰近公司寮港、同興老街；西部幹線平均進出人數最少

①龍港站站房 ②公司寮港

1

2

林內、石榴與石龜站

雲林境內的滄海遺珠

雲林縣境內的車站以斗南、斗六兩站較具規模，剩下的林內、石榴與石龜站，外地人往往就少有耳聞。然而這三站可都有其值得一觀的地方。

● 雲林北境門戶——林內站

地點：雲林縣林內鄉／**設站年份**：一九〇七年／**所屬路線**：縱貫線
特色：少數留有石碴側線的車站；鄰近南投竹山鎮

林內是縱貫線南下進入雲林縣的第一站，也是一個純樸的農村。它位於省道台三線上，早期還是進出南投縣竹山鎮的門戶。因為以前連接竹山和名間的台三線名竹大橋還沒通車，竹山的對外交通必須先到林內再南下轉往斗六，或往北轉往二水、員林。直到現在台西客運都還有「竹山—斗六」的路線經過林內，十分鐘左右的車程，就可從林內直達竹山。此外西螺也有班車到林內，斗六還有一路經過十三份和烏麻園到林內的班車。

林內站就位於市區中心，深灰的色調和上方由右而左小小的「林內車站」四個字（不是屋頂的由左而右燈箱四個大字）感覺樸實而厚重，可是現在被一面鮮豔的彩色廣告大看板遮掉大半。林內站鄰近濁水溪，以前有開採砂石，至今仍有一條石碴側線，是中部主要的石碴儲存場，但現在貨運也停辦了。雖然漸趨沒落，車站四周值得遊覽的地方仍然不少，附近林內公園內有留存有神社遺跡，值得一訪。林內曾經也是菸葉產地所以也和美濃一樣有菸樓；此外又有利用濁水溪的烏塗水力發電廠；靠山區的坪頂村則有石器時代文化遺址、古墓群、茶園和茶葉推廣中心。

● 祕境小站——石榴站與石龜站

石榴站 **地點**：雲林縣斗六市／**設站年份**：一九〇五年／**所屬路線**：縱貫線／**特色**：百年木造車站，遠離市街聚落
石龜站 **地點**：雲林縣斗南鎮／**設站年份**：一九五八年／**所屬路線**：縱貫線／**特色**：縱貫線南

①林內站 ②石榴站空襲避難位置圖，站房翻新後已被取下 ③石榴站整修前舊貌，一旁盡是荒煙蔓草

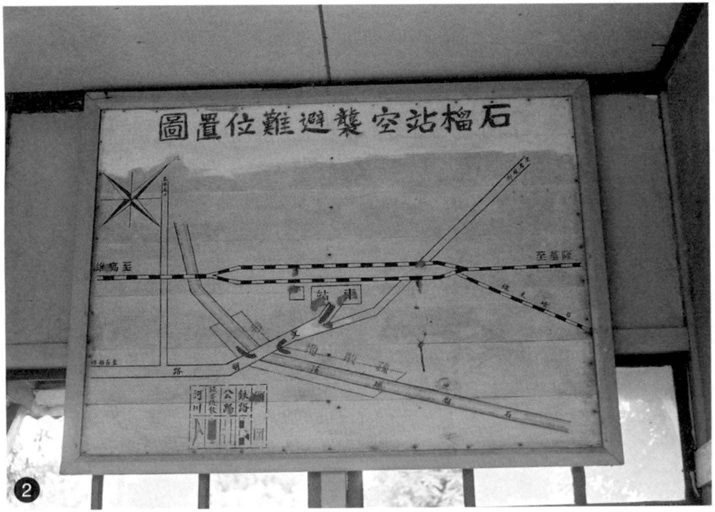

2

1

3

石龜站

段停靠車次最少；站前有大片稻田的祕境小站

林內繼續往南的下一站是石榴站，石榴站離台三線稍遠些，原名叫做石榴班，附近還有石榴班溪。這也是一個古老木造車站，可惜已經淪為無人站很多年了。日據時代就已經有列車往來；幾經興廢，在民國三十九年時整修擴建，沿用至二〇〇一年才又翻修。整修前的舊站房埋沒站荒煙蔓草之中，附近沒有市街聚落，很有幾分「祕境」的韻味，翻新之後雖整齊清潔，卻也失了古味。

從石榴站一路往南，越過斗六、斗南，就來到石龜站，車站附近只有鄉間小道，這裡不只進出車站的人少，也是縱貫線南段停靠車次最少的車站。站前就是大片農田，沒有其他建築遮蔽視野，收成季節的美麗稻浪，讓這裡有「雲林的伯朗大道」之美稱；小小的站房內，舊有售票窗口都已封起，月台一側牆面則有石塊的拼貼裝飾。在每年二期稻作收割之後，農民會陸續種下油菜花、波斯菊和向日葵等花卉，待到開花季節，就是當地知名的「石龜花海」。

驛旁漫遊

林內公園

林內公園位於林內鄉公所對面，日據時期為「林內神社」，祭祀造化三神、豐受大神和能久親王，至今已有超過七十年的歷史。台灣光復後，神社遭受破壞，僅留下兩座鳥居、幾座燈台與紀念碑等。僅管如此，林內公園仍是台灣現存較完整的日本神社遺跡之一。公園內現有濟公廟與孔子廟，據説孔子廟就位於原先神社主體的位置。

雲林縣林內鄉公園路

林內豬腳大王

林內站前中山路上的「林內豬腳大王」，是陪著當地鄉親走過半個世紀的懷舊美食。店內的豬腳飯遵循古法，炭火慢燉，風味獨特，相當知名。

雲林縣林內鄉中山路11號

虎尾糖廠

二十世紀初，東洋第一大糖廠

　　台灣中南部目前仍有不少的糖廠和台糖專用的鐵道，其他各地和林業、礦業、鹽業有關的鐵道也不少，雖然時至今日已經失去了功能，但是仔細研究起來也是一門大學問。

●碩果僅存的甘蔗小火車

　　雖然不能坐火車到虎尾，虎尾卻是鐵道迷們必去朝聖之地，因為台灣的糖業早已日落西山，台糖的糖廠目前多半都是觀光化的糖廠，早已不再製糖了。目前仍在運作中，努力製糖的糖廠，只剩下虎尾糖廠和善化糖廠。但是善化糖廠因為台南科學園區阻斷了小火車的路線，故不再用小火車運送甘蔗，而是用卡車，所以全國只剩下虎尾糖廠仍有甘蔗小火車行駛。

　　虎尾鎮位於雲林縣的中心地帶，雖無台鐵經過，工商業卻相當發達，市況活潑，而它的經濟發展的火車頭就是虎尾糖廠。只是規模大不如前，數千名員工只剩下幾百人，路線只剩下一條，就是從糖廠出發往西延伸到土庫、褒忠、東勢的馬公厝線。以前尚有通往莿

①虎尾糖廠大門，大煙囪不斷冒煙，小火車鳴笛準備出發前往集蔗場 ②台糖虎尾車站

桐、斗南、北港的路線，廠外不遠的虎尾溪上有座花梁大鐵橋，擁有「三軌區間」，可讓台鐵和糖鐵兩種不同軌距的車輛行駛。也是難得一見的特殊橋梁，可惜都已經停止運作。

●想來虎尾趁冬天

虎尾糖廠的小火車並不是像林口線運煤列車那樣一進一出，而可能連續開出兩班同向列車。出發後也不是開到某個集蔗場裝滿後折返，而是沿途經過幾個集蔗場分別放下幾節空車廂，開到最後一個集蔗場放完空車廂後把已經裝滿的車廂拉回，沿途經過每個集蔗場再逐漸加掛滿載的車廂。甘蔗採收後先切斷，再用卡車送到集蔗場。集蔗場有一

①中正路平交道，沒有電氣化的鐵路平交道卻有門，而且雙閃光紅燈是裝在門楣上的，相當特殊

②擁有「三軌區間」的虎尾溪鐵橋，可惜一〇一年因蘇拉颱風來襲被洪水沖斷

③除草罐車

2

1

停看聽

3

高台，邊緣有漏斗，卡車開上高台後將甘蔗從漏斗倒入下方小火車的車廂，再由小火車送回糖廠壓榨。

甘蔗的收成期在冬季，因此糖廠每到年底就會開工製糖。製糖期都是跨年的，大約從每年的十二月中旬到翌年的三月下旬。只有春節期間休息，喜歡糖廠小火車的讀者可以在冬天去虎尾。從斗六後站或斗南搭乘往虎尾或北港的台西客運班車即可。持身分證可在虎尾鎮立圖書館免費借用公共自行車。

不可錯過的懷舊甜味

虎尾有個日據時代設立的舊空軍基地，頗有歷史意義。台糖鐵路經過廉使路平交道附近，至今仍有已經閒置的空軍眷村，稱為建國一村，裡面雖已無人居住，建築物大致都保存完整，還有許多各式各樣的防空洞。鐵路北側的農田裡還有個高砲塔，有興趣者等拍火車時不妨順便參觀一下。

除了看小火車，去虎尾當然也可以享用美味的台糖冰品，糖廠對面有個同心公園也很值得順道一遊，它是國內少有的以糖業為主題的公園，漫步其中可看到幾個和糖業有關的紀念碑，公園另一邊則是日式宿舍區。台西客運虎尾站位於鬧區的林森路上，合同廳舍、郡守官邸（虎尾故事館）、虎尾郡役所（雲林布袋戲館）等虎尾重要景點都近在咫尺，交通便利。

①②集蔗場作業情形

③如果沒有左邊那棵樹，這張照片肯定失色不少

④省道台十九線的平交道，也是全線唯一跨越省道的平交道，雖然跨越省道卻沒有遮斷機

● Data

地點：雲林縣虎尾鎮中山路2號／**設站年份**：一九一〇年／**所屬路線**：台糖鐵路／**特色**：園內有糖鐵五分車；設有糖業文物館可供參觀

南台灣 古早產業故事

台灣南部的鐵路發展雖比北部晚，但豐富的林木資源與興盛的農業發展，使得南台灣的鐵道與當地早期的產業故事有著密不可分的關係。

攝影：盧大中）

阿里山森林鐵路

台灣最具傳奇性的鐵道路線

久負盛名的阿里山森林鐵路，原本是林務局經營管理，現在則轉由台鐵接手。它最重要的部分是從嘉義火車站到阿里山的幹線，長七十一點四公里，興建於日據時代，分為平地段和山地段，山地段最為人熟知的就是它在獨立山以8字形的路線盤旋上山，以及第一分道的Z字形曲折路線。民國元年通車至二萬坪，之後再逐漸延長並且增建支線。目前提供客運服務的支線有祝山線、神木線和沼平線。此外還有眠月（石猴）線和水山線。

阿里山線的登山起點——竹崎站

地點：嘉義縣竹崎鄉／**設站年份**：一九一二年／**所屬路線**：阿里山線／**特色**：阿里山線的登山起點，「三角線軌道」設計

阿里山森林鐵路原本的興建目的是搬運木材，之後也提供載客。雖然號稱國寶，卻也不敵民國七十二年阿里山公路（省道台十八線）通車後汽車帶來的強力競爭，於是客運量逐年下滑。它又容易受颱風豪雨影響而受損停駛，亟需各界重視，希望大家有機會還是盡量多搭乘，那感覺和坐汽車是完全不同的。

①鐵道直接穿越聚落 ②奮起湖站月台 ③奮起湖站的列車（①②攝影：楊志雄）

阿里山鐵路以竹崎站做為平地段和山地段的分界，海拔一百二十七公尺，是登山的起點，其地位不言可喻。上山的火車要在這裡更換機車頭，從平地慣用的十八噸級車頭換成二十八噸級，才有足夠的力量行駛上山；為了掉換車頭，這裡的軌道也特別採取「三角線軌道」的設計。由於車站鄰近南靖糖廠蔗田，每年製糖期間，糖廠的採蔗列車皆會至此採收甘蔗，三角線就成了採蔗列車的停放側線。

車站站房原就採用木造規格，民

①美國萊瑪二十八噸蒸氣機車頭

②竹崎站舊貌

③列車即將在竹崎站交換路牌

④竹崎站軌道

⑤奮起湖站附近人氣旺盛

（①⑤攝影：楊志雄／④攝影：高建芳）

國四十一年整修後成現在的樣貌，有別於其他原木車站，站體草綠的色調在晴空下讓人更覺亮眼。設計上採典型日式風格，牆身外的雨淋板、長方形的外開窗、屋簷下的圓形通風窗等，都是當初建造時的原味重現。另外，離車站五分鐘左右的車程，就是有百年歷史的牛稠溪橋，早年以紅檜打造，歷經多次風災，如今改為鋼骨結構並漆上原木色彩，也是沿途上的一道風景。

● 阿里山便當聖地——奮起湖站

地點：嘉義縣竹崎鄉／**設站年份**：一九一二年／**所屬路線**：阿里山線／**特色**：阿里山線唯一雙月台的大站，附近聚落繁榮

奮起湖站是阿里山線唯一擁有雙月台的中途大站，海拔一千四百零三公尺，是阿里山線客貨運列車上下山交會地點。阿里山的火車早上從嘉義北門站出發，行至奮起湖站時已近中午用餐時間，列車會進站加水、添煤，車員、乘客也會在此休息用餐，使奮起湖成為知名的便當聖地，也是附近聚落的集散中心，人氣旺盛，這又證明了鐵路能繁榮地方，而非阻礙地方發展。目前奮起湖站旁蒸氣火車車庫已改作展示場，遊客可以來此參觀蒸氣火車頭以及相關的歷史文物。

1

4

3

2

浴火重生的百年車站——北門站

地點：嘉義市東區／**設站年份**：一九一二年／**所屬路線**：阿里山線／**特色**：阿里山線的發車首站

阿里山鐵路車輛的大本營在距離嘉義火車站一公里多的北門站，日據時期肩負著將阿里山木材從山上運往平地的集散功能，站旁有修理工廠與儲木池的設施。百年時光倏忽即逝，當初的運材設施相繼退役，僅留下車站靜立在海拔三十一公尺的廣場上。

它的站房是日式檜木建築，早期全是用阿里山紅檜打造，可惜民國八十七年慘遭祝融，後來林管處搭配新舊建材，按照原始設計，將之恢復原貌，現在候車室內的長條木椅、寬敞的開窗都是早年的原始模樣。

車站前的大型廣場，每到假日會吸引不少市集或展售單位來此設攤，像是以有機小農產品為主的「三小市集」，就會在每週六下午三點至六點擺攤。另外，附近也陳列許多已停用的車輛，如中興號等，可以逛逛。

①中興號 ②北門站外的平交道 ③北門站 ④北門站近貌 ⑤候車室 ⑥竹崎站月台⑦牛稠溪橋 （④~⑦攝影：江明麗）

南靖站與北回歸線站

台灣有許多地名都來自早期移民的大陸祖籍，南靖這個地名就是來自福建漳州，顯然這裡曾經是漳州後裔的地盤。

●悠悠寧靜時光——南靖站

地點：嘉義縣水上鄉／**設站年份**：一九一一年／**所屬路線**：縱貫線／**特色**：鄰近南靖糖廠

南靖車站是台鐵位於嘉義縣境內最南端的一站，再下去就是台南境內最北端的後壁站。這兩個都是老車站，也都在省道台一線上，不過南靖站是深色調的水泥建築，感覺比較厚重；而後壁站是淺色的木造站房，感覺頗輕快。新營客運的「新營－高鐵嘉義站」線班車會經過這兩站。

南靖站本是為了聯絡鄰近的南靖糖廠所設，日據時期本名水堀頭驛，一度取代現今水上站的地位，更名水上驛。國民政府來台後，恢復了舊有的水上車站，才改為現名。南靖站本也是木造建築，但在一九四一年時因中埔地震倒塌，現存的站房在一九四三年時完成重建，建築形式有點類似斗南站，此外兩站還有些共同點：候車室裡的椅子是長木條椅，以前曾經有和糖鐵共線的鐵道可通往糖廠。不同的是南靖站因為旅客少，所以有著小站寧靜、悠閒、安詳的氣氛。牆上掛著空襲避難路線圖，加上斑駁的牆壁、昏暗的光線，真的會讓人覺

1

2

得彷彿時光倒流了四十年。

未來興盛可期——北回歸線站

地點：嘉義縣水上鄉／**設站年份**：一九三七年（現已裁撤）／**所屬路線**：縱貫線／**特色**：鄰近北回歸線太陽館與水上機場

南靖站的北方為水上站，而水上和嘉義之間的鐵路西側有個飛碟形狀的北回歸線標誌稱為北回歸線太陽館，介紹許多天文知識，也可一併參觀。北回歸線標誌南側有一個已經被裁撤的貨運車站，稱為北回歸線站，雖然目前已經成為一棟荒廢小屋，躲在樹林後面毫不起眼，卻也有一段故事：它曾經有一條很長的側線通往嘉義市的中油溶劑廠，這條側線被拆除之後變成現在的「嘉油鐵馬道」，而且另有一條鐵路通往不遠處的水上機場（就是嘉義航空站，是個軍民合用的機場），據說日據時代曾經用火車把酒精從溶劑廠運送到北回歸線站再轉送到水上機場，做為日本空軍的燃料。

北回歸線站距離嘉義站和水上站都還有點遠，但是可以搭乘布袋、朴子、塭港等線的嘉義縣公車和嘉義客運抵達。近年台鐵推行捷運化，地方人士希望北回歸線站能夠復站，和鄰近的北回歸線太陽館、水上機場相結合，帶來觀光人潮。目前台鐵也有相關的計畫，未來會配合嘉義市區鐵路高架化，恢復客運，並更名「北回」。

①水泥建築的南靖站，從日據時代沿用至今

②候車室裡古樸的木製長條座椅

③不起眼的北回歸線站

④南靖站內留存的舊式售票窗口

驛旁漫遊

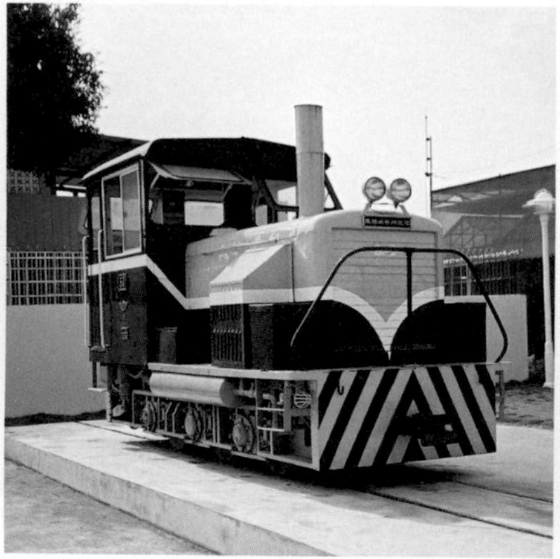

（攝影：黃素妙）

南靖糖廠

提到南靖車站就不能不提台糖的南靖糖廠，早年它和南靖車站的關係相當密切。南靖糖廠和南靖車站隔著省道台一線相對，現在已不製糖，轉型為觀光休閒的糖業文化園區。在廠區裡可看到以前糖鐵使用的火車頭，小巧可愛，很像遊樂園的玩具電動火車，此型機車稱做「順風牌」。還有陳列的一些飛機、大砲等武器。防空洞這種具有時代意義的建築也保存良好，當然也有美味的糖廠冰棒，值得一遊。

嘉義縣水上鄉靖和村1號

北回歸線太陽館

一九〇八年，台灣總督府為慶祝縱貫鐵路全線通車，在北回歸線經過的鐵道西側建設了第一代的北回歸線地標，爾後又增設北回歸線站。多年來歷經多次經緯度的修正與地標的搬遷、重整，現存的北回歸線地標分別是第五代的「北回歸線標誌碑」，以及第六代的「北回歸線太陽館」。從簡單的地標擴建為場館建築，讓太陽館有了更豐富的功能，館內以介紹天文知識為主，兼具知性與趣味的設計，很適合全家同遊。

嘉義縣水上鄉下寮村鴿溪寮21-25號

嘉油鐵馬道

嘉油鐵馬道原是連接北回歸線站與嘉義市中油煉油廠之間的鐵道支線，在停用之後，於民國九十四年重新規劃成自行車步道，可以從市區的志航國小旁開始，沿線騎到鴿溪寮，之後再接入水上鄉規劃的「北回自行車道」，沿途會經過北回歸線站與北回歸線太陽館。兩段自行車道合計全長約四點五公里，負擔不重。

嘉義市西區世賢路四段141號
（志航國小）

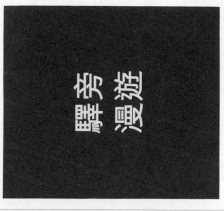

後壁、林鳳營與隆田站

不可錯過的府城老車站

台南境內有三個號稱最值得參訪的古老車站，分別是後壁站、林鳳營站與保安站；其中保安站除了有舊式木造建築外，更因「永保安康」車票而聞名全台，此處不另多提，倒是林鳳營的下行——隆田站，故事少有人知，或可一談。

●老車站外看見台灣米的傳奇——後壁站

地點：台南市後壁區／**設站年份**：一九〇三年／**所屬路線**：縱貫線
特色：木造車站；與林鳳營站建築結構相同

南靖的下一站就是後壁，日據時期，這裡曾設有後壁到關子嶺的輕軌，是通往關子嶺溫泉最直接的途徑；後來吸引了不少人來此地開墾，逐漸在車站前形成聚落「車頭村」（今後壁區後壁里）。後壁站的站房與南靖一樣，因一九四一年的地震毀損而重建，不同的是：南靖改採了混凝土建築，而後壁則維持了木造結構，採取傳統的廡殿頂式設計，與海線的談文、大山等木造車站相比，空間更寬敞，窗形也不盡相同。

除了帶有日式風格的站房外，後壁站前廣場上還有知名紀錄片《無米樂》的紀念雕像，吸引不少遊客拍照留念。不過民國一〇五年五月起，交通局開始進行站前轉乘環境改善工程，廣場開始施工，雕像也已先被包商移置保存，預計十一月以後才會重回廣場與旅客見面。如果想一睹崑濱伯夫婦等人

①後壁站
②後壁車站月台
（攝影：鄭婷尹）

①站內的收票盒 ②午後的候車室

（①②攝影：鄭婷尹）

的風采，不妨搭車到附近的菁寮老街走一趟吧！

因為鮮乳而赫赫有名——林鳳營站

地點：台南市六甲區／**設站年份**：一九〇二年／**所屬路線**：縱貫線／**特色**：木造車站；與後壁站建築結構相同

林鳳營站位於台南六甲，六甲雖然知名度不高，林鳳營卻很有名，這是拜味全林鳳營鮮乳之賜。起初設站的目的是負責六甲地區的客貨運輸，現今站房則是一九四三年時改建，和後壁站建築形式相同，可說是雙胞胎姐妹車站。廡殿頂式建築，支柱呈Y字形，以檜木為主要建材，候車室四面皆有迴廊，各個通廊上方還設有對流氣窗。

林鳳營車站不在六甲的市中心裡，而是偏西靠近省道縱貫公路，和市中心大約還有三公里的距離，和台一線還有點距離。兩地有１７４縣道連接，這就是六甲居民對外交通的主要幹線。新營客運有黃１和黃２兩種班車可到林鳳營車站，往來於「新營－柳營－林鳳營－六甲」之間，黃１還可以到位於六甲和官田之間的烏山頭水庫。也可以從麻豆搭興南客運黃２０

鐵道豆知識

台鐵沒有官田車站，不知道縱貫鐵路經過官田的人一定很多。此外台鐵還有新豐、永靖兩個車站，可是這兩站距離得名的由來——新豐鄉和永靖鄉的中心地帶，都還很遠，永靖車站因為遠離市區而客源有限，新豐車站更在新豐鄉與湖口鄉的交界，或許改個名字比較適當。

到林鳳營車站。值得一提的是，六甲的二鎮在早期還是台灣瓦的產地，可惜燒瓦業已經不敵時代變遷而趨於沒落。

●站名區名不同調——隆田站

地點：台南市官田區／**設站年份**：一九〇二年／**所屬路線**：縱貫線／**特色**：鄰近隆田酒廠

林鳳營的下一站就是隆田站，建築形式有點類似南靖站和斗南站，只是歷史沒那麼久，附近有隆田酒廠可以參觀。

隆田站位於官田市中心，不叫官田站而叫隆田站，算是特殊案例。官田沒有糖廠，但是鄰近的麻豆有總爺糖廠，所以以前糖鐵也經過官田，台鐵隆田站附近就設有台糖隆田站，是個日式木造建築，車站停用後變成雜貨店，可惜現已慘遭拆除（讓人想不透的是：所謂的「城鄉新風貌」、「景觀再造」，竟是拆掉有意義的歷史建築變成停車場）。

早期的台鐵隆田站也是貨運大站，因為它可以轉運台糖的糖，甚至台鹽七股、北門鹽場的鹽也是用台糖鐵路先運到隆田站再轉運各地，所以以前台糖、台鹽、糧食局肥料在隆田站都設有倉庫。其中台鹽隆田倉庫於民國九十三年被台南縣政府公告為歷史建築。

①林鳳營站

②隆田站

③站內有少見的民營販賣部（攝影：鄭婷尹）

④站前有官田區農會的菱角造型吉祥物巧菱兒

驛旁漫遊

麻豆總爺糖廠

原為日本明治製糖株式會社的「總爺工廠」，台灣光復後被接收，歷經多次改組、合併，終於八十二年結束營運。後來麻豆的當地居民與文史工作者為保存這個與在地人息息相關的生活記憶，積極提出保留訴求，並於民國八十八年成為公告縣定古蹟，昔日運送甘蔗的火車頭、糖廍榨石也都留存了下來。想來參觀的話，可以從隆田車站搭乘興南客運橘10班車前往。橘10也經過前面提到的二鎮與烏山頭水庫，此外在烏山頭水庫可以搭興南客運橘4轉往善化或新營客運黃1轉往六甲、林鳳營、新營。

台南市麻豆區南勢里5號

（攝影：楊志雄）

隆田酒廠

隆田酒廠早年原是日本人製造飛機燃料的化學工廠，後來轉型為製麴、製酒工廠，以生產高粱酒為主。民國九十六年以後推動觀光轉型，擴建「養生酒文化園區」，並積極開發酒類副產品。一〇一年以獨特的「北蟲草」養殖技術作為觀光工廠主題，發展「北蟲草文化展示園區」，成為結合生物科技與釀酒技術的養生觀光酒廠。

台南市官田區中華路一段335號

（攝影：鄭婷尹）

菁寮老街

後壁另一知名景點就是因為《無米樂》出名的菁寮老街，本來後壁車站到菁寮之間沒有客運車，但是後來新營客運把黃6「新營－菁寮－白沙屯」線延長到後壁車站以方便乘客，值得多加利用。

台南市後壁區菁寮里

烏樹林糖廠

後壁最知名的景點是烏樹林糖廠，和新營糖廠都有觀光小火車可以搭乘，目前也已成為規劃完善的休閒園區，不只有鐵道文化，也有蘭花主題館，展示台糖培育的各式蘭花。不過要從後壁車站到烏樹林並不方便，最好從新營搭往白河的黃幹線新營客運前往。

台南市後壁區烏樹里184號

大湖、路竹與橋頭站(舊)

滄海桑田，小站興衰

鐵路車站的興衰，常和其周遭交通環境有關，當鄰近道路發達時，鐵道的運量難免被分散，重要性也隨之降低。像本章提到的老車站，香山、談文、新埔、日南、追分、南靖、後壁、林鳳營、路竹、橋頭這幾站都是鄰近省道台一線的，多少都有類似的問題。

●不見湖來不見竹

大湖站是縱貫線南下進入高雄的第一站。不過這裡看不到湖，只有台一線和台二十八線的十字路口。台二十八線是往田寮、阿蓮、旗山、湖內、茄萣的重要道路，在阿蓮到岡山之間的公路開闢之前，大湖車站是進出阿蓮和田寮的門戶，可是現在也已經走下坡，附近的環球水泥公司也不用鐵路運輸了。站內較特別的，是保留了磁鐵式大型牆掛時刻表與價目表，目前仍在使用中。

路竹站距離台一線稍微遠一點，建築形式和橋頭舊站、二水、清水、銅鑼、造橋雷同。大湖、路竹兩站雖然不大，但每日運量人仍在千人以上，未來高雄捷運紅線有望延伸到兩站中。

①大湖站 ②路竹站 ③大湖站月台（攝影：吳怡嫻）

●觀光帶來新契機

橋頭是高雄境內觀光價值最高的小站，主因是鄰近橋頭糖廠。該廠是日本人在台灣設立的第一個新式糖廠，興建於一九〇一年，從此開啟台灣糖業的新紀元。橋頭糖廠就在鐵道旁邊，步行可抵，捷運也有橋頭糖廠站。糖廠也有觀光小火車可以搭乘，廠區裡的巴洛克式建築也很值得參觀。

舊橋頭車站原本和路竹同型的站房已經停用，現在的新站和捷運共構。出了車站就是橋頭老街可以逛逛，此外橋頭和岡山是鄰近鄉鎮的交通樞紐，所以也可以延伸行程：如果喜歡海線，港都客運的紅71AB線可以從橋頭到岡山、路竹、大湖車站，再到湖內、茄萣、興達港情人碼頭（A線逆時針，B線順時針繞行）；高雄客運的紅72可從橋頭到梓官、彌陀、永安。如果喜歡山線，港都客運的紅73可從路竹、岡山到阿蓮；紅70和高雄客運的「旗山—阿蓮—岡山」線都可以從岡山到阿蓮、田寮和月世界。此外從茄萣也有府城客運的市公車1路到台南，串聯成環狀一日遊不難。

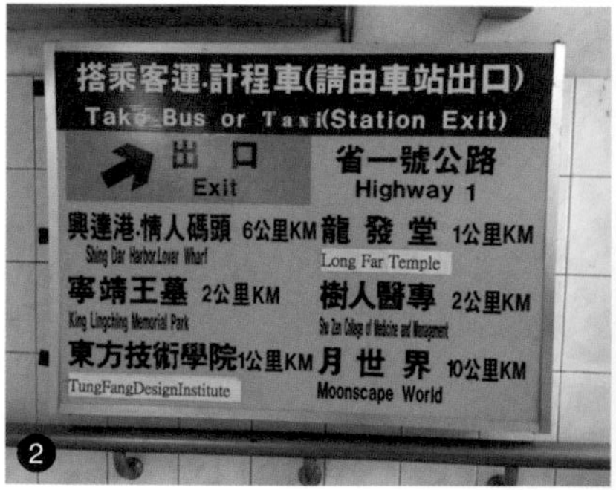

①路竹站第二月台景觀

②大湖站周邊交通資訊
（攝影：吳怡嫻）

打狗鐵道故事館

走進高雄港的鐵道老時光

高雄的「打狗鐵道故事館」是高雄港站裁撤後成立的，不在現有的鐵路線上，不過離捷運西子灣站很近，交通方便。從外觀上看，有別於老車站的古老風華，是經過幾個時代的建築改變後的樣貌，現今的水泥磚房，與民國九十七年結束鐵路營運前的站體沒有多大變化，屋頂黑瓦也被完整保存下來。

打狗第一驛，化身鐵道故事館

做為高雄的第一個火車站，高雄港車站在台灣的鐵道歷史占有重要的一頁，這個在一九〇〇年完工的車站，前後被稱做「打狗停車場」、「打狗驛」、「高雄驛」，直到民國九十七年才卸下送往迎來的任務，而在文化部與鐵道文化協會的規劃下，在九十九年底，正式成為具有推廣鐵道文化意義的打狗鐵道故事館。

故事館內各區展示的文物，都是中華民國鐵道文化協會蒐集而來，目前也是由協會經營，每月會不定期舉辦跟鐵道文化有關的講座。參觀故事館的特別之處，在於可以光明正大的在老車站內

①高雄港站的舊站房，如今已化身鐵道故事館 ②站房屋簷上仍留有傳統建築的痕跡 ③站長室外的牆上，掛有許多歷史照片
（本頁攝影：盧大中）

2

1

5

4

3

遊逛，多少解決了一般人對於車站內部辦公場所的好奇，畢竟每次買票只能透過小小的窗框看著台鐵人員的辦公處所，這次以原貌呈現舊打狗驛辦公室格局的鐵道故事館，實在滿足了大家的想像。

目前館內規劃，以原車站的貨運辦公室做為第一展覽室，原站長室為第二展覽室；另外還有鐵道資料館（原南側總務室）以及戶外的客運月台與軌道區，後者也是擺放多列老火車車廂的地方。

珍貴歷史文物，來聽它們說故事

第一展覽室中有許多少見的歷史文物，最特別的是木製的托運單木櫃，一層層箱格上標示著「台」、「米」、「光」等字樣，這是各家貨運行的商標，取收件一目了然。當然也有不少黑白老照片可以看到幾十年前高雄鐵道的全景，其中就有一張是一九二〇年代的高雄港車站周邊風光，包括月台、扇形機關庫等都存在影像當中。還有一九三七年從高雄出發的各站里程與票價表，那時有分一等、二等、三等車廂的票價，高等車廂只讓日本人或尊貴人事乘坐，台灣人通常只能選擇三等車廂。

站長室裡還有環狀的車輛通行路牌，已經是骨董的名片式車票也好好的躺在辦公桌上讓鐵道迷們瞻仰，這些都是蒞臨故事館不可錯過的寶貝。話說回來，如果真的對鐵道文物感興趣，最好趁它還在使用時多去看看，拍下它在動態服役中的照片，這比拍些靜態展示品更有意思。

Data

地點：高雄市鼓山區鼓山一路32號／**設站年份**：一九〇〇年／**所屬路線**：高雄第一臨港線／**特色**：新興鐵道文化園區，有眾多鐵道文物展出

①環狀的車輛通行路牌 ②軌道區展出的CT259 ③打印車票日期用的札日機 ④台電的機車頭 ⑤骨董的名片式車票（右頁攝影：盧大中）

枋山、內獅與加祿站

鐵道迷之間流傳著幾個地點偏僻而難以抵達的祕境車站，枋山站就是其中之一。枋山站位於南迴線上，南迴鐵路從枋寮出發後和省道台一線並行，經過加祿、內獅、枋山三站後向東轉彎穿越中央山脈，而枋山站就是南迴線進入山區的起點。

●探訪祕境的時間規劃

由於枋山站不在台一線上，而且地勢頗高，不如加祿站和內獅站容易抵達，南迴線慢車班次又很稀少，每天早晚只停靠兩班上下行的普快車，成了祕境車站。要造訪枋山站，最好利用潮州站出發的早班慢車，接近早上七點時抵達枋山站，然後等大約一小時後搭乘反向的早班慢車，八點多可以回到枋寮。

回程途中，也可以在內獅或加祿下車，其中加祿站有「最大的小站，最小的大站」之稱，場站面積頗大，卻和內獅、枋山、古莊一樣都是每天上下行各只有兩班慢車停靠。據了解，加祿站以軍運為主，所以不是無人站，而且還有區間車和普快車兩個車種的硬式車票出售。而內獅車站則是全台最冷門的車站，一年載運人次一百七十人左右，平均一天不到零點五人次，被戲稱是「沒半個人搭車」的蚊子站，但月台上景色遼闊，令人難忘。

目前枋山站已降等為無人站，而且和最近的聚落有點距離，地點相當偏僻。筆者造訪時周圍毫無人煙，只有幾隻白頭翁為伴，到晚上搞不好還會有人把這裡當鬼屋探險，所以不建議單獨造訪。至於加祿站和內獅站則都鄰近省道，所以有高雄、枋寮往恒春、墾丁的客運車可以搭配利用，班次還不少。

Data

地點：屏東縣獅子鄉－枋山鄉
設站年份：一九九二年
所屬路線：南迴線
特色：枋山站是台鐵最南端無人站；內獅站全台運量最低；加祿站售有「加祿－東海」的吉祥語車票

①枋山站
②加祿站的月台
③內獅站（攝影：黃素妙）

東台灣

後山鐵道風光

相比起開發過度的西半部，隔著中央山脈的東部可說是台灣最後的淨土，依山傍海的地形，讓東部鐵道也擁有開闊的自然景觀與最棒的視覺享受。

攝影：楊志雄）

龜山站

周遭熱鬧，本身冷清

台鐵西部幹線有一小段在桃園的龜山境內，但龜山車站卻是在宜蘭縣頭城鎮，以龜山島得名，更加貼切。

●風景區內的清淡小站

龜山站是一個業務清淡的小站，不過它位於東北角國家風景區內，所以附近有不少旅遊資源，除了遠眺龜山島，主要是北關海潮公園和梗枋漁港海鮮街。北關海潮公園裡有單面山、豆腐岩、海蝕平台等特殊地質景觀，也有清代遺留下的砲台遺跡。南方的外澳站附近則有烏石港，北方的大溪站（和桃園也毫無關係）則是少數出售硬式車票的車站，再往北的大里站則是草嶺古道的終點。

龜山站的格局比較特殊，沒有站前廣場，而且因為它的水平高度比門口大馬路高出甚多，所以要先爬一段階梯才能進大門。值得稱許的是它沒有壓克力燈箱，保留一種古樸之美。宜蘭線的慢車班次比較少，建議和國光客運「宜蘭—雙溪」、「宜蘭—鶯歌石」和「台北—羅東」的班車搭配運用。

①龜山站 ②北關海潮公園（攝影：楊志雄）

●Data

地點：宜蘭縣頭城鎮／**設站年份**：一九二〇年／**所屬路線**：宜蘭線／**特色**：龜山島直線距離最短的車站

海端站

不靠海卻充滿海味

花東線上有許多車站都是統一的制式造型，例如富里、鹿野都是。相形之下海端站的造型就相當特殊有趣，它的屋頂是波浪型的，表現出「海」味。事實上海端站離海很遠，它是由台東縣海端鄉得名。「海端」一名是由布農族語「Haitutuan」簡化、翻譯而來，指「三面被山圍繞、一面敞開」的地形，該鄉其實並不臨海。

●不臨海的地中海風情小站

雖以「海端」為名，但海端站真正的地址卻又是在關山鎮而非海端鄉。省道台九線（花東縱谷公路）經過海端鄉中心，路的兩側分屬海端鄉和關山鎮，而海端車站是在屬於關山鎮的東側。

以前海端鄉的交通地位相當重要，因為它是南部橫貫公路的終點，在海端銜接台九線可以繼續往花蓮或台東。據說早期的海端站客貨運輸量相當不少，但是隨著公路運輸逐漸發達，加上省道台二十甲線通車使從南橫公路往東的車輛可以直接到池上而不再經過海端鄉中心，於是海端車站的地位一落千丈，現

①海端站舊貌 ②台東關山新站 ③台東關山舊站，現已變成捷安特商店（②③圖片提供：鄭婷尹）

已淪為無人站。

一〇三年，海端站重新粉刷，並更換站牌，從米黃色變成了白底為主、藍邊鑲嵌的地中海風格，站房裡有原住民彩繪圖案。由於目前站內的月台是改線後新建，與站房有一段距離，也是一項特色。

花東線的慢車班次很少，南下和北上在白天都有超過五小時的班距，所以要造訪海端站最好搭配運用鼎東客運山線往池上、利稻、富里的班車。筆者推薦在關山火車站轉乘利稻線班車，雖然班次少，但是時間不錯，從台北出發可以當日往返海端和利稻。南橫東段的景色也相當壯麗，還可欣賞霧鹿峽谷。

崁頂村民邱馮廣田的作品，曾獲全國原住民木雕賽首獎（攝影：楊志雄）

Data

地點：台東縣關山鎮
設站年份：一九二四年／**所屬路線**：台東線
特色：藍白相間、富地中海風情的站房

驛旁漫遊

關山舊站（捷安特關山站）

關山舊站是東部鐵路幹線中僅存的日據時代歐風建築，站房比照日本北方農家樣式，採用西洋磚造結構，極富保存價值，現已成為台東縣指定的歷史建築。

民國九十四年，台鐵將之列入整修計畫，而後委外經營，目前由捷安特公司在此提供單車租賃與旅遊相關服務，從前的台鐵驛站，化身現在的鐵馬驛站，也別具一番風情。

海端鄉的布農聚落

海端鄉裡有諸多布農族部落，較知名的像是海端、崁頂、利稻、加拿等，都有著各自的特色。以崁頂社區為例，當地布農族人以水蜜桃、苦茶、小米等為主要經濟作物，並開發特色料理，結合農業觀光。傳統工藝創作當然也少不了，各類木雕、皮雕與織布技藝，在這裡也都能看到，相當有特色。

花蓮鐵道文化園區

舊建築中，想見往昔鐵道風華

很多地方都有已經退役的老火車展示，即使當地從未有過火車行駛，也可能從外地運來老火車供人參觀。這些展出地規模如果夠大，就會成為所謂的鐵道文化園區。台糖各地糖廠都有停用的小火車，有的甚至還能供人搭乘，小火車、鐵道、車站和站內各種文物就是鐵道文化園區的展出內容。

●台灣僅存舊東線鐵道基地遺址

台鐵也有一些鐵道文化園區，例如苗栗站南側不遠處就展出了許多各式各樣的老火車，還有蒸汽機車頭時代的投煤練習場。不過有的園區已經不在現在的鐵道線上，而是在目前已經沒有火車行駛的廢線上，例如花蓮的鐵道文化館就是在市中心的中山路底，也就是花蓮舊站處，要從新站搭客運車前往。這是台灣僅存最完整的窄軌鐵道基地遺址，前身是日據時代成立的「鐵道部花蓮港出張所」，除文化館本身外尚有宿舍群、工務段、警務段、蒸汽機車加水塔、鐵路醫院、機工房、遊廊商圈等建築群，值得一看。

①園區內的建築也充滿日式風情 ②站長室裡的鐵道文物 ③圓形廣場（攝影：江明麗）

理局
NISTRATION
價表
售票口
檢舉匪諜滲透破壞 人人安居樂業
肅清貪污經濟犯罪 社會繁榮進步

花蓮
花蓮
13
東芝電材

從現有的園區，可以想見縣政府想把日據時期花蓮鐵路的風貌盡量呈現，即便撤了鐵軌，沒了火車行駛，透過一些辦公處所與庫房機關，遊客們還是有機會能從老房子與舊設備裡，描繪那個熱鬧的年代。

細數鐵道遺跡，緬懷古早時光

園區內目前有兩個館區，一館就是主要的辦公處所，也就是鐵道部花蓮港出張所所在地，當年這個機構可說是台灣花東鐵道的掌理中心。出張所，在日文意義裡指的是出差辦公室，就是當時鐵道部的花東分部。

一館是園區的文化館部分，有出張廳舍及中山堂等設施，經過整修的出張所屬於四合院格局，這棟建築建於一九〇九年，在一九三二年做了修建，最大的特點在正面主堂大門上方屋頂一處歌德式高塔設計。館內貼心的陳列許多舊時鐵道相關器具，包括維修設備，站長辦公桌椅，還能發現舊式硬紙卡車票的櫃子，以及舊式售票口。不論是想回味舊時鐵道樣貌，或是根本無法想像的人都可以從中細細觀察，這些代表著歷史印記的點滴。

與一館僅有幾步之遙的鐵道文化園區二館，是屬於警務段與工務段辦公廳舍所在地，也是東線鐵道遺址的部分，與出張所的指揮辦公功能來看，這裡負責保養維護與鐵道安全的職責。工務段辦公廳對面是一個圓形廣場，旁邊是一棵可以遮蔭乘涼的大榕樹，榕樹下還有防空洞。圓形廣場有時會有表演活動的安排，廣場再過去有幾棟建築就是屬於警務段打理的空間，包括舊武道館（鐵路警察局）、拘留所、現在都已經是文創商品的展示販賣空間了。

Data

地點：花蓮市中山路71號／**設站年份**：一九〇九年／**前身**：日據時期鐵道部花蓮港出張所／**特色**：古色古香的日式建築與豐富的鐵道文物

左頁圖說：園區內保留許多過往的鐵道設施（攝影：江明麗）

台東鐵道藝術村

鐵道文化與現代藝術的結合典範

東線另一值得參觀的重點是台東舊站的鐵道藝術村。車站本體、月台、號誌皆保存完整，甚至還有車輛、防空洞、機關庫和難得一見的讓柴電機車掉頭用的三角線、圓形轉車台等。和花蓮的鐵道文化園區一樣，都是位於市中心，雖然離現在的火車站很遠，卻頗有內涵，值得一遊。

●多功能的文化空間

台東鐵道藝術村的前身是舊台東車站，也是原來台東線的終點。民國七十一年東部鐵路拓寬後，新設山里、卑南兩站；南迴鐵路通車後，卑南站改成台東新站。民國九十年後，新站和舊站之間的聯絡路線裁撤，舊台東車站也就此中止營運，走入歷史。廢站之後幾經整修，保留了原來的月台與鐵道風貌，如今已成為結合歷史建築、藝術、旅遊休閒的多元文化空間。

藝術村本身也是山海鐵馬道的起點，村內更原味重現了車站、月台、機關庫、三角線迴車道、貨運倉庫等，有三節DR2050舊車廂在此展示，保存了

①台東鐵道藝術村即是台東舊站 ②原為鐵道員工休息室的黑倉庫 ③原停放火車頭的機關庫 ④只剩木骨架的275倉庫（本頁攝影：楊志雄）

4

完整而典型的早期台鐵車站風貌；而舊倉庫與候車室，也被改建成台東公車轉運站與旅遊服務中心，整合藝文展演、鐵道文化與觀光資訊，確實是休閒散步的好去處。

●看看鐵道，聽聽音樂

藝術村裡不定期會舉辦各項藝文展演活動，近期還多了兩項公共藝術裝置，有外型繽紛的《夢中樹》，以及造型車廂《叭噗白鯨冰淇淋》。另外也很值得一提的，是藝術村附近、從鐵道貨倉宿舍改建的「鐵花村音樂聚落」，是一處結合音樂、藝術、文創市集的平台。每週三到週日的下午到晚上都有當體團體的音樂演出。除此之外，還有「鐵花小鋪」與「假日慢市集」。

鐵花小鋪包含了：提供在地食材特調飲品的「鐵花吧」、集結在地藝術家原創商品的「好的擺」，以及販售鐵花村獨特文創商品的「鐵花好，店」。「假日慢市集」則會在每個週末五、六、日，於鐵花村戶外的草地上擺攤，眾多有趣的文一商品也吸引了許多遊客。

●Data

地點：台東縣台東市鐵花路369號（台東舊火車站站區）
設站年份：一九二二年（現已廢站）
所屬路線：台東線
特色：獨特的公共裝置藝術；鄰近鐵花村音樂聚落（舊台鐵宿舍）

①古早鐵道工具 ②藝術村裡也有許多現代藝文展覽（本頁攝影：楊志雄）

2

CHAPTER 5

鐵道樂趣

見識過猶如特技表演般的路牌拋接嗎？看過台鐵推出的紀念郵票與郵戳嗎？除了永保安康、追分成功外，還有哪些吉祥語車票呢？一起透過這些趣味蒐藏，留存動人的鐵道時光。

路牌拋接

眼明手快，神乎技矣

如果搭乘平溪線或集集線的火車，可以看到列車長或司機員拿著一個大圈圈，這個圈圈叫做路牌。它是一個環形物，連接著一個皮套子，皮套裡有個圓形金屬片，中央又有個洞，類似中國古代的「孔方兄」，只是比較大。

●賭上手腕的保安制度

路牌是一種歷史悠久，瀕臨絕跡，而且很有意思也很有人情味的行車保安制度。簡單地說它是一種行車憑證，專門用在單軌區間，因為只有一條鐵軌，為了避免與對面來車相撞，所以設計出這種行車憑證。路牌平常不用時是放在閉塞器裡的，經過某一路段（講得有學問一點就是「閉塞區間」）的兩端的站長確認此一路段中沒有其他列車之

後，才能把此一路段的路牌從閉塞器中取出，交給待出發的列車，如此司機才能放心開車，否則就只能停留在站裡。而且一次只能取出一個路牌，取出後的路牌除非放回兩站其中之一的閉塞器，無法取出第二個。可想而知，路牌可以確保行車安全，但是也很麻煩，尤其要會車時的手續很花時間。

從前的花東線也是使用路牌的地區。花東線的月台上，經常可以看到一個很大的白色螺旋形物體（路牌受器），用來讓過站不停的列車拋出上一個路段的路牌給站務員；而月台終端有一個白色直立的鐵竿（路牌授

右頁：過站不停的自強號，眼明手快的列車長在高速行駛的狀況下，準確地將路牌套入螺旋形的路牌接受器裡。

左頁：兩個站務員分別站在軌道中間，一人從司機手中取走上一路段的路牌，而另一人將下一路段的路牌交給司機。

上圖：即使交換路牌不再拋接，仍然吸引著遊客圍觀拍照。

右頁：花東線站務員在月台上騎腳踏車遞送路牌

器），可以讓站務員先把下一個路段的路牌放好，讓過站不停的列車取走該路牌。本頁的兩張照片都是白天拍的，視線良好，如果是在夜間或是雨天，要在不停車的情況下這樣拋接路牌，是需要技術的。有的列車長、司機員因此手腕脫臼骨折，真令人不得不佩服、感謝他們的敬業。

●號誌自動化，絕技成絕響

不過，從九十三年四月底開始，花東線已經不再使用路牌，隨著號誌自動化的完成，路牌也走入了歷史。現在雖然平溪線和集集線仍舊使用路牌（內灣線的路牌已經停用），可是那裡的客車都是各站皆停，沒有像自強號、莒光號那種過站不停的快車，所以支線上的路牌交換很簡單，列車停下後交給站方或對向車的司機即可，用不著當神射手。平溪線在十分站交換，集集線在濁水站交換。林口線和台中港線雖然也使用路牌，但是因為是全線為同一閉塞區間，也就是整條路線一次只有一列火車行駛，火車從頭到尾帶著同一個路牌一進一出，所以看不到路牌交換。過往花東線列車則是在停車狀態下交換路牌的情形，站務員在月台上騎腳踏車，甚至還有騎機車送路牌的。可惜現在已經再也看不到空中拋接路牌的特技了。

車票收集

小小票根，見證旅程

什麼東西都有人收集。收集車票的風氣雖然還不如集郵、電話卡、錢幣普遍，但是也有逐漸增加的趨勢。不過可惜的是，最值得收集的台鐵名片式火車票已經瀕臨消失，現在的火車票都是購票時列印，紙質比較薄，而且時間久了之後字跡會模糊消失，不利於收藏。

建議讀者若有機會搭火車，尤其是難得的長途旅程，可以在出站前在車票上蓋個證明章，就可以充做購票證明而把那張車票帶回收藏。這樣可以完整記錄下自己的旅程，和攝影一樣都是留下回憶的好方式，而且還不必另外花錢。唯一的缺點是，現在的車票多半背面是黑色的，所以以前可以在空白背面蓋章，現在只能蓋在正面。或者也可以在難得造訪的車站買一張最便宜的車票（半票亦可），蓋個紀念章。本書「行前須知」中提到的「餘程無座」車票因為少見而且可遇不可求，所以也建議收集。此外自動售票機的磁卡有許多不同圖案，更是收集的好對象。

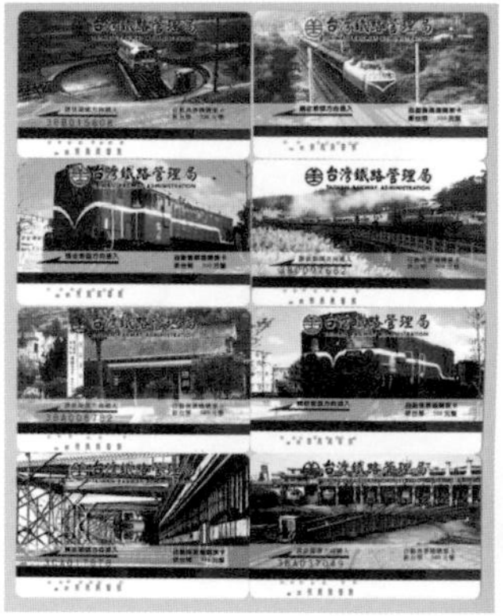
1

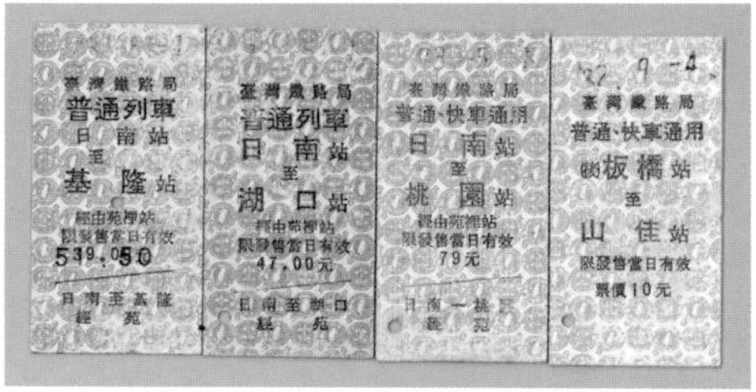
2

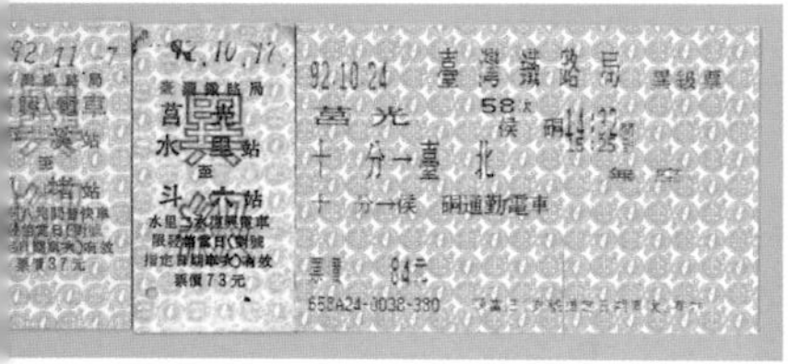
3

①自動售票機的磁卡 ②下方有剪斷線、票價有小數點的是較早期的車票。由此可判斷四張車票的印製年代，是左方的早於右方的 ③異級票。半票和異級票會在中央印上鏤空的大字

名片式車票

再來說說「名片式車票」，所謂名片式車票，簡單來講，就是以前常見的厚紙板印製的車票，也稱「硬票」，它都是在台鐵的票務中心（現已裁撤）印好後送至各車站，放在木製的票櫃裡，乘客購票時用匝票機打印日期。可是台鐵改用電腦連線售票後，名片式車票逐漸絕跡，只剩下集集、車埕、大山、日南、追分、永康、保安、四腳亭、牡丹、大溪、加祿等站仍有發售。

接著介紹幾張名片式車票。普通車的車票是淺藍色的，區間車、復興號為藍綠色，莒光是粉紅色，自強號則是淺黃色。普通車的車票中，上面有「普通列車」字樣的，中央有孔，下方有斜線的（此斜線稱做「剪斷線」），票價有小數點的，年代早於「普通、快車通用」字樣的，左下方有孔，下方沒有斜線，票價沒有小數點的。另外還有異級票，是在支線出售，可以讓旅客轉乘不同等級的列車。可以從低級轉乘高級，也可以從高級轉乘低級。

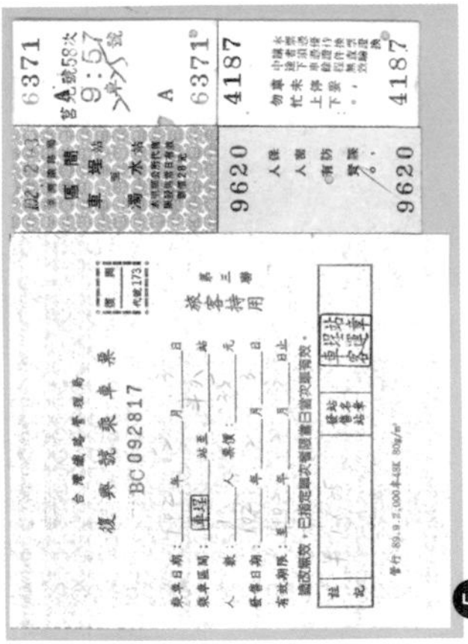

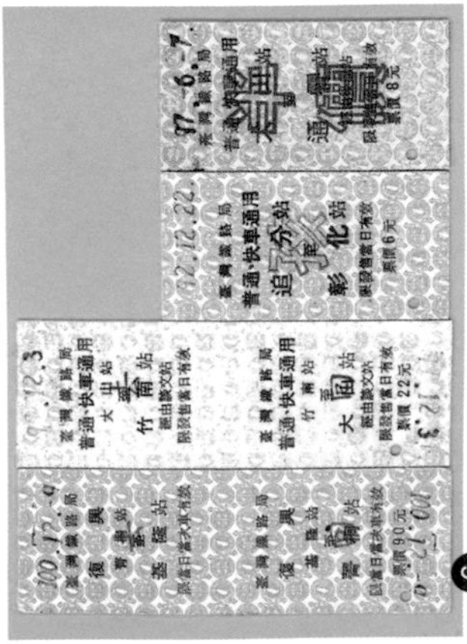

④名片式的對號車票，座位號碼和時間車次蓋章寫在背面。右一的區段票是台鐵實施「板橋－松山」間單一票價一律十八元的車票 ⑤左為手開的車票，用於發售前往未印製名片式車票的到達站時，如「車埕－斗六」並未印製名片式車票的半票，故以此代替。右方為名片式車票的背面，有的有古老的反共標語，或寫上對號車座位號碼 ⑥普快、復興號的去回票和孩童票

吉祥語車票

所屬路線	站點—站點	吉祥含意	備註
（台南）縱貫線	永康—保安	永保安康。	
（花蓮）台東線	吉安—壽豐		
（台東）南迴線	多良—金崙	多金良人：祝招財進寶、結識良緣。	多良現已廢站，為當地知名觀光景點。
南迴線—北迴線（台東—宜蘭）	康樂—永樂	康樂永樂：祝身體健康、永遠快樂。	
（台中）成追線	追分—成功	追分成功：祝考生高分上榜。 追「婚」成功：祝情侶們求婚成功。	
海岸線—台中線（苗栗—台中）	苑裡—成功	「願你」成功。	類似的還有「十分—成功」、「后里—成功」（「給你」成功的台語諧音）。
海岸線—台中線（苗栗—台中）	大肚—成功	大肚成功：祝求子順利。	類似的還有「苑裡—大肚」：願你大肚。
台中線—屏東線（台中—屏東）	成功—歸來	成功歸來：祝一切成功順利。	
（台中）台中線	大慶—台中	慶中台大：恭賀考上國立台灣大學的考生。	類似的還有「大林—台北」：林北台大（台語諧音）。
（新竹）內灣線	榮華—富貴	榮華富貴。	
（基隆—台北）縱貫線	百福—萬華	百福萬華。	類似的還有「百福—福隆」。
（新竹）縱貫線	新豐—湖口	薪豐餬口。	
（屏東）南迴線—屏東線	加祿—東海	加官晉祿、福如東海。	類似的還有「加祿—歸來」、「加祿—康樂」、「加祿—鎮安」等。

客運車票

順便一提，當然客運車票也可以收集。現在因為悠遊卡、一卡通、台灣通等電子票證逐漸普及，客運車票越來越少見，不過有些中南部的客運公司仍可在車站窗口或自動售票機購票。可惜都已經改成像感熱傳真紙那樣的薄紙列印，同樣也有保存不易，字跡容易模糊消失的缺點，最好是影印起來（反正都是黑白的，影本和正本看起來一樣）。在印刷廠預先印妥的舊式車票已經很難得一見，若有機會不妨多買幾張最便宜的半票當紀念。圖2最下方的車票右端還有「一切力量投入反共」的標語，更為難得。

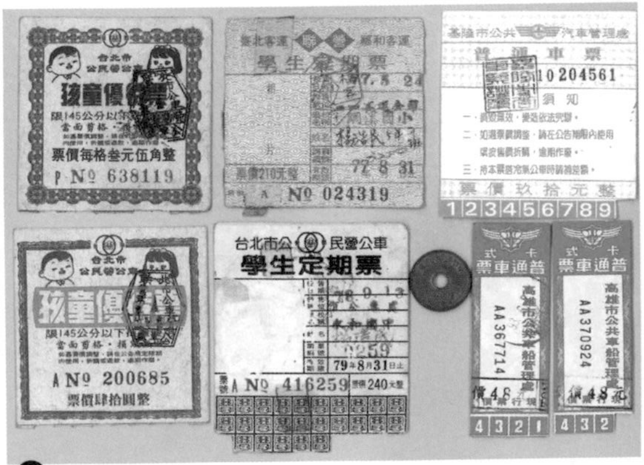
1

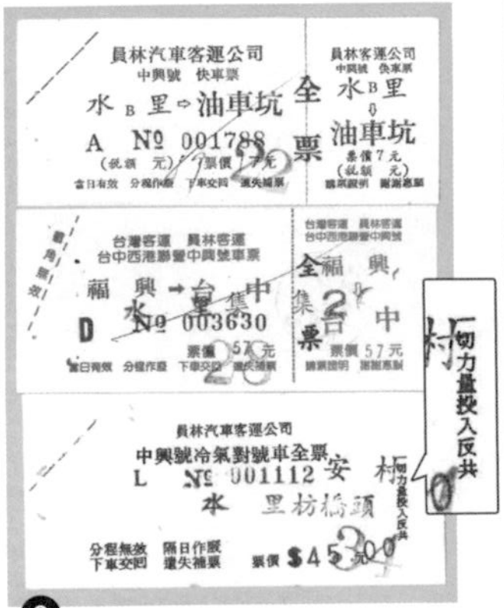

2

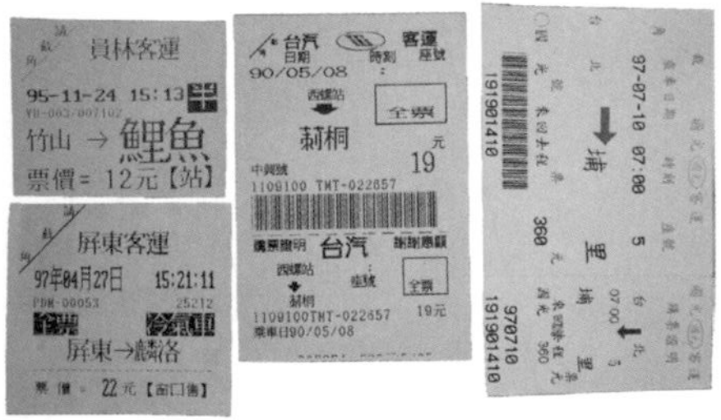
3

①舊式公車的卡式車票票根，圓形有孔者為冷氣車代幣 ②在印刷廠預先印妥的舊式車票 ③現在感熱傳真紙的客運車票，字跡易模糊消失

郵務珍藏

兩種情懷的完美結合

鐵路和郵政同屬交通事業，兩者關係密切。我國曾經發行過許多和鐵道有關的郵票，民國六十年代最常見的九大建設郵票就有北迴鐵路與鐵路電氣化的圖案，而且此種郵票屬於發行量特別龐大的常用票，又分成三版。它的發行量大到後來發行的「中華三級棒球隊三度獲得世界三冠王」紀念郵票，就是直接使用鐵路電氣化的郵票加蓋而成，而不另行設計、印製圖案。之後又陸續出現中國鐵路一百週年、台北鐵路地下化、南迴鐵路等重大鐵路工程的郵票，高速鐵路的郵票當然也有，而最近一套則是民國一〇四年發行的台灣鐵道觀光郵票。此外也有以火車站為主題的郵票。

●值得珍藏的，不只是郵票

集郵的四大領域分別為票、戳、卡、封（包括明信片和郵簡）。比較進階的集郵人士連郵戳也收集，而非只收集郵票而已。有時雖然郵局沒有發行郵票，卻有與鐵道有關的臨時郵局戳，圖案特殊，這也是很好的收集對象。目前關於鐵道的風景郵戳則有台北站、新竹站、勝興站、泰安舊站、台中站、集集站、嘉義站、台南站、高雄舊站、高屏舊鐵橋共十個。

還有另外一個事實可以證明鐵路和郵政的密切關係。眼尖的讀者若仔細觀察，台鐵有一種寫著「郵政」字樣的車廂，塗裝和普通車廂一樣，以前還有「火車郵局」，簡單的說就是設立在火車上的行動郵局。火車郵局和玉里的汽車郵局的郵戳也是集郵人喜愛的收集對象，可惜這項業務已經停辦，走入歷史。

集郵是一種非常高雅的嗜好，可以增廣見聞，陶冶性情，培養有條不紊的做事態度。有人說集郵是「王者的癖好，癖好的王者」。有興趣的讀者請自行參閱相關書籍。

❶

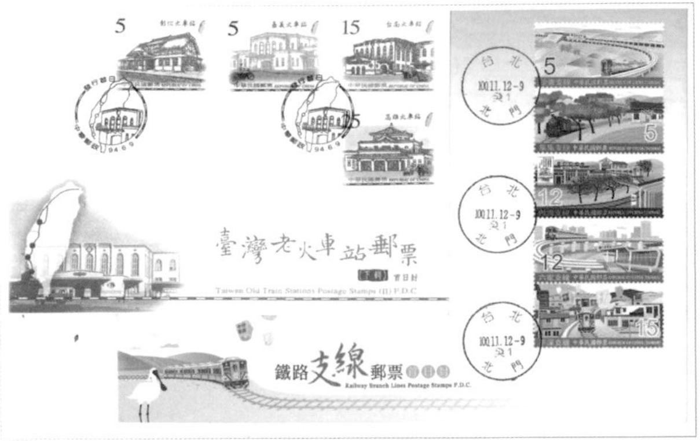

❷

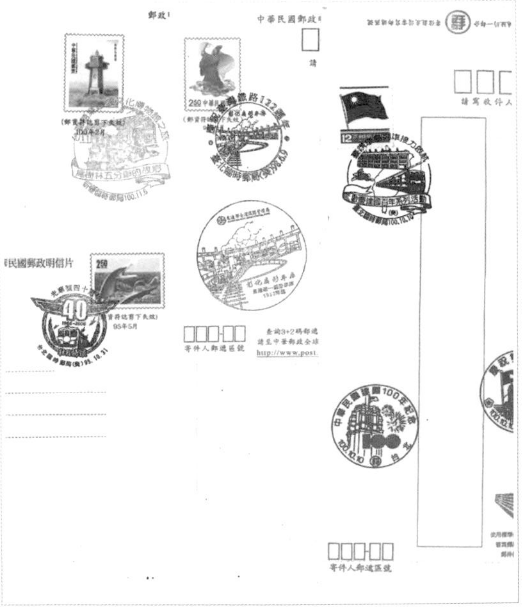

❸

鐵道豆知識

許多臨時郵局戳都是限時出現的，一旦錯過不免讓人扼腕。此時不妨到中華郵政官網的「集郵業務專區」去找找數位化的郵戳圖片，雖然沒有實體收藏，也能望梅止渴一下。
網址：http://www.post.gov.tw/post/internet/Philately/default.jsp

①紀念重大鐵路工程的郵票 ②以火車站為主題的郵票 ③鐵道相關的臨時郵局戳

再來談到錢幣。收集錢幣的人也不少，尤其花花綠綠、圖案五花八門的鈔票更受歡迎。有時會有官方發行的紀念幣，如中國鐵路一百週年紀念幣。郵票的圖案包羅萬象，一個國家發生的重大事件幾乎都可以從它發行的郵票看出來，例如我們的十大建設、棒球三冠王、捷運通車、九二一地震等。鈔票也一樣，從鈔票的圖案設計，也可以看出這個國家的史地、文化、主要產業和意識型態、價值觀等等。

政府遷台以來並未發行過以火車為圖案的鈔票（只有西螺大橋和蘇花公路的圖案），不過中國大陸的人民幣卻有，國外更多，有興趣的讀者可以從鈔票來看看國外的火車。圖一是三張有鐵道圖案的外國紙幣，由上而下分別為柬埔寨、阿爾巴尼亞、巴基斯坦。由圖中可看出，這些鐵路都沒有電氣化，甚至還有蒸汽機車。柬埔寨在一九七九年由共產黨（赤柬）統治，當時鈔票上的國徽有稻穗和齒輪，代表農民和工人無產階級專政，和鐮刀鐵槌旗一樣都是共產黨的象徵。

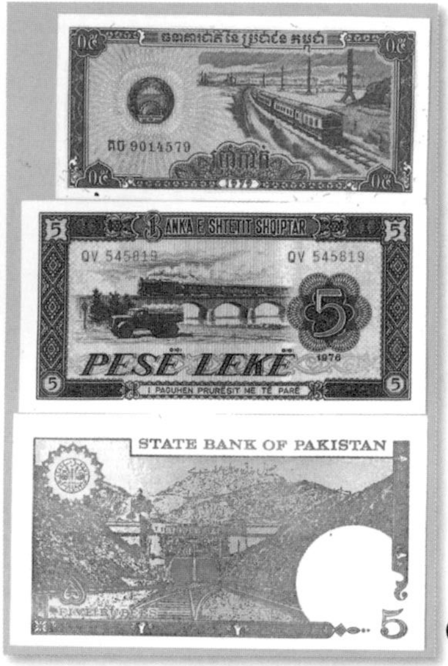

①三張有鐵道圖案的外國紙幣，由上而下分別為柬埔寨、阿爾巴尼亞、巴基斯坦 ②中國鐵路一百週年紀念幣

鐵路飯盒

令遊子懷念的美好味道

之前提到，台鐵有鐵路餐廳製供鐵路飯盒，相當受歡迎。筆者記得小時候和媽媽回鄉下的外婆家，最期待的就是坐火車吃飯盒這個過程。直到今日，只要每次坐台鐵長途車，通常也都會買個鐵路飯盒來吃。其實倒不是因為那有多好吃，而是那種兒時的美好回憶特別令人懷念。不過筆者自己有規定：同一家餐廳的同一種口味飯盒，必須間隔三個月以上才能再吃，這是因為喜歡吃才更不能多吃，久久才吃一次，那種懷念的滋味才會覺得更好吃。

台鐵的飯盒以排骨為主，也有雞腿和素食的。排骨飯盒的售價有六十元、八十元和一百元，紙盒的多半六十元，也有八十元的，據説六十元飯盒的排骨是機器按摩，八十元的是木棒槌打，口感較佳。菜色也依價格、各地餐廳不同而有所差異。

至於民間版的火車便當，全都在東部幹線，最出名者為福隆便當和池上飯包，鳳林、關山也都有月台叫賣便當。因為是在月台叫賣，而現在的火車幾乎都不能開窗，所以想買的人都只能擠在

①舊時刻表背面的鐵道便當廣告 ②台鐵的便當盒

（攝影：黃素妙）

車門口。

強烈建議讀者，搭長途火車旅行時，寧可稍微先挨餓一下，也一定要買個鐵路飯盒來吃，這樣的鐵道旅行會更有樂趣唷！

值得推薦的鐵道餐廳

至於民間也有不少鐵道主題餐廳。顧名思義這些餐廳就是由鐵道迷經營的以鐵道文物為布置主題的餐廳，店內通常都會有許多店主的精心收藏，很能吸引鐵道迷們光顧。台北捷運淡水站對面麥當勞旁邊巷子裡有一家「南方列車坊」供應義大利麵等簡餐，彰化縣社頭鄉距離火車站不遠處的「福井食堂」也是一家鐵道主題餐廳。

不過，真的要說起在鐵道迷之間知名度最高的鐵道主題餐廳，可能是泰安站附近的「新幹線列車站」，它不但是餐廳同時也經營民宿，最大賣點就是它是用台鐵的普通車廂改裝而成。收集鐵道文物的人不少，可是能買下車廂的人可就要有相當財力了。此外高雄捷運大東站附近的「新台灣的原味」雖然不是純粹以鐵道文物為主題，而是收集了許多台灣早期的生活用品，但也有台鐵車廂。此外它在捷運凹子底站附近有另一分店，沒有火車車廂，但是卻有公路局的「金馬號」，喜歡公車客運的人可以去一探究竟。網路上也有不少有關鐵道主題餐廳的介紹可以看看。

DATA

南方列車坊 **地址**：新北市淡水區博愛街51巷1號／**電話**：（02）2629-2688
福井食堂 **地址**：彰化縣社頭鄉社斗路一段336號／**電話**：（04）871-0350
新幹線列車站 **地址**：台中市后里區福安路37-21號／**電話**：（04）2558-7588
新台灣的原味**地址**：高雄館－高雄市鼓山區明誠三路1號．鳳山館－高雄市鳳山區大東一路22號／**電話**：高雄館－（07）522-8852．鳳山館－（07）799-7722

淺談鐵道攝影

如果要研究鐵道，有一種非常重要的必備工具，就是照相機。不管是要替車站建築留下影像紀錄，還是拍攝火車的英姿，當然要用到照相機，所以研究攝影技術也是必要的。筆者出外旅遊時也很喜歡替火車站拍照，因為車站都是地標，也是一個地方的對外交通門戶。不過想拍張好照片可沒那麼簡單，除了技術和器材之外，還需要靠點運氣，也要有耐心，甚至還要有體力，因為天候因素，有時出門時陽光普照，到了目的地卻突然變天，陰天時拍的照片通常就不如藍天白雲之下拍的漂亮。不過陰天也有好處，沒有順光逆光的問題，比較柔和。有時雖然陽光充足，可是要拍攝的方向剛好是逆光的，效果也不好。不然就是一輛大卡車大剌剌地停在車站大門口，或是平常冷清無人的小站門口剛好就是站了個人在猛講電話。

●出發之前，做好準備

拍攝火車站前最好能先了解其座向，再決定何時前往較佳。有的要早上去，有的要下午去，例如清水站因為座西朝東，而台灣下午太陽在西南方，所以下午的清水站是背光的，最好早上去拍攝。

拍攝火車照片的難度高於火車站，因為火車是會動的。貨車照片又比客車難拍，因為貨車沒有時刻表，必須耐心等候，甚至可遇不可求。而且貨車不像自強號、冷氣柴客和電聯車那樣頭尾兩端相同，一列車能有兩次拍攝機會，所以能拍出成功的貨車照片，會特別有成就感。先從車站月台開始練功，再到郊外去沿線尋找理想的拍攝點。

現在的手機都能照相，這比筆者以前方便太多了，不過如果真的要玩攝影，還是得用專業相機。沒有哪個高手是用手機替火車拍照的。筆者真正開始學習攝影技術是在民國九十五年，而在此之前拍的許多照片雖然不夠理想，卻也因為時空轉換、甚至景物消失而無法重拍。

你如果只是拍著好玩，不那麼講究，那就用傻瓜相機即可。不過，你的胃口如果越來越大，勢必會發現傻瓜相機難以滿足需求，例如在同樣條件下，要清楚拍下停止的火車和高速行駛的火車，就必須使用不同的光圈和快門的組合。如果都用傻瓜相機，都是一樣的光圈和快門，效果肯定不會太好。鐵道愛好者們的攝影技術大概都不差，攝影是一門捕捉瞬間的藝術，能為心愛的老車站、老火車拍張好照片，也是鐵道愛好者們的共同願望。

不可不知的小技巧

除了一般性的攝影技巧之外，在此提供一些建議給讀者參考：

一、盡量在晴天時拍攝。替火車攝影當然必是戶外，而戶外攝影本來就是在好天氣之下拍攝結果較佳。行駛中的車輛容易造成畫面模糊，如果天氣不好，又必須開大光圈、用慢速快門，而開大光圈會造成景深變小，用慢速快門當然也容易造成畫面模糊。所以最好在晴天，用小光圈和高速快門來避免畫面模糊。

二、通常平交道、彎道、橋梁、居高臨下處、建築物和人車少的地方都是不錯的拍攝點，例如林口線的海湖靶場彎道，附近有平交道可提醒拍攝者列車將至，也沒什麼建築物阻擋視線。

三、如果要拍車廂內部，最好在起點站就先上車，速戰速決。因為車廂中沒人時最好拍，而如果是開到終點乘客全部下車後再拍雖然也是車廂中沒人，但是此時車上零亂有垃圾，椅背東倒西歪，拍起來也不夠美觀。

四、為了避免干擾駕駛員，不要開閃光燈。

五、拍攝時最好和車頭成四十五度角，若夾角太小就只能看清楚車頭而無法看清車身，夾角太大就相反。

六、替車站拍照，當然要多拍幾個不同位置的，最好連時刻表、票價表、售票口、候車室、月台也拍，而不要只拍站房大門。

七、如果不知怎樣拍才好，就不妨用亂槍打鳥法，反正拍幾十張照片當中總會有幾張能看的。

日本鐵道淺說

日本是距離台灣最近的先進國家，也是世界上第一個有高速鐵路的國家，鐵道交通極為發達，所以也吸引許多台灣的鐵道迷。日本的鐵道主要由JR經營，它的前身是國營鐵道（國鐵），改民營化後稱為JR，又分為六家子公司分成六個營運地區：北海道、東日本、東海、西日本、四國、九州。此外還有許多民營鐵路公司也都是歷史悠久規模龐大，甚至還經營職棒隊，稱為「私鐵」，這是相對於國鐵而言，但國鐵民營化之後私鐵此一名詞沿用至今。有名的私鐵有近鐵、阪神、阪急、京阪、西武、南海電鐵、京成電鐵、名鐵（名古屋鐵道）等。所以日本的JR類似台灣的台鐵，但JR有傳統鐵道也有高鐵，而台鐵只有傳統鐵道，台灣的高鐵則是另一個機構來經營。日本的私鐵則是目前台灣所無。早期台灣的糖鐵比較類似日本私鐵，雖然台糖是國營的，但是糖鐵卻有很多地區性的短程路線，就像日本私鐵各有自己地盤一樣。日本和歐洲都相當重視鐵道，台灣則是迷信美國的大公路主義，所以日本鐵道密如蛛網，不像台灣鐵路法之前還規定若干距離內不得興建平行鐵路。近年來台灣和日本之間鐵道交流頻繁，例如新竹站和JR東京站、台北站和JR大阪站分別締結姊妹車站，兩國同名車站也不少，例如台鐵松山站和JR四國的松山站。此外台鐵三條老支線也各有姊妹鐵道，平溪線和秋田縣由利高原鐵道鳥海山ろく線、集集線和千葉縣的夷隅鐵道いすみ線、內灣線和岐阜縣長良川鐵道越美南線都

①哆啦A夢的主題的JR列車 ②JR青森站 ③信樂高原鐵道的列車

在一〇三至一〇四年間分別締結姊妹鐵道。台鐵和日本還有的列車顏色互換，所以出現紅色塗裝的台鐵區間車。

日本鐵道旅行最吸引人之處在於JR針對外國人發售JR PASS，七天期二等車廂售價兩萬九千一百一十元日幣，效期內可任意搭乘日本全國絕大多數的JR列車（只有少數例外不能搭乘），只要搭一趟「東京—大阪」或「東京—盛岡」、「大阪—小倉」去回新幹線就回本了！雖然日本交通費高得嚇死人，但我們外國人可以用JR PASS發揮驚人的省錢效果，把世界最先進的新幹線坐到爽，玩得比日本人更豪邁，實現他們連想都不敢想的貴族式豪門旅行！除了全國版的JR PASS之外，JR的五家子公司還各自發售區域性的PASS，例如JR東日本的東京廣域PASS、JR西日本的關西廣域PASS、JR北海道PASS、JR九州PASS北部版、JR四國PASS等。售價比全國版的便宜，但是使用範圍限制很多，使用時必須注意。有些區域性PASS甚至還可以搭乘某些私鐵，而不光是JR列車而已，例如JR四國PASS也可以搭乘不屬於JR的高松琴平電氣鐵路。善用JR PASS可以在一趟旅行省下八萬日幣毫無困難，對此有興趣者可以參考采莊出版社的「旅神」楊春龍大師著作，他的日本旅書對JR PASS有非常精闢的分析和見解，還有許多省錢絕招。

參考資料

《臺灣的火車》：陳啟淦，臺灣省政府教育廳兒童讀物出版部，七十九年四月二十日。
《臺灣鐵路管理局所屬車站之沿革》：林楨顯，國史館台灣文獻館，九十五年七月。
《臺灣汽車客運公司之營運沿革》：林楨顯，台灣省文獻委員會，八十八年六月。
《臺灣交通專輯》：臺灣省政府交通處，七十四年十月二十五日。
《臺灣省交通建設》：臺灣省政府交通處，七十六年十月二十五日。
《臺灣省交通建設》：臺灣省政府交通處，七十九年。
《臺灣交通回顧與展望》：臺灣省政府交通處，八十七年十月三十日。
《臺灣鐵路百週年紀念》：臺灣鐵路管理局，七十六年六月。
《高級中學經濟地理下冊》：國立編譯館主編，八十四年一月九版。
《鐵路》：聶肇靈，臺灣商務印書館，六十年六月台一版。
《鐵路行車及輸送概要》：董希堯，華泰書局，七十九年九月。
《阿里山的火車》：陳啟淦，臺灣省政府教育廳兒童讀物出版部，八十年十月三十日。
《台灣鐵道傳奇》：洪致文，時報文化出版企業股份有限公司，八十一年十月。
《台灣的老火車站》：戴震宇，遠足文化事業股份有限公司，九十年十月。
《尋找暖暖的秘密》：溫小平，教育部兒童讀物出版資金管理委員會，九十年十二月三十日。
《虎尾溪傳奇》：張信吉，教育部兒童讀物出版資金管理委員會，九十年十二月三十日。
《戀戀後龍鄉土情上冊》：陳朝棟，苗栗縣文化局，九十一年十二月。
《戀戀後龍鄉土情下冊》：陳朝棟，苗栗縣文化局，九十二年十二月。
《台灣糖鐵攬勝》：許乃懿，人人出版股份有限公司，九十二年十二月。
《台灣黃昏地帶》：米澤光敦、山崎勉，繆思出版有限公司，九十六年八月。
《南瀛鐵道誌》：周俊霖、許永河，臺南縣政府，九十六年八月。
《南瀛糖業誌》：周俊霖、許永河，臺南縣政府，九十八年十一月。
《南瀛糖廠誌》：周俊霖、許永河，臺南縣政府，九十九年六月。
《台灣的糖業》：陳明言，遠足文化事業股份有限公司，九十六年二月。
《台灣的鹽業》：張復明、方俊育，遠足文化事業股份有限公司，九十七年十一月。
《大臺南的鹽業》：蔡炅樵，臺南市政府文化局，一〇二年三月。
各年度臺灣鐵路旅客列車時刻手冊。
《中央日報》、《聯合報》、《聯合晚報》、《中國時報》、《中時晚報》、《自由時報》相關新聞。
交通部臺灣鐵路管理局、交通部鐵路改建工程局網站。
台鐵、台糖各地員工口述資料。

鐵道・祕境

30座魅力小站╳5種經典樂趣，看見最浪漫的台灣鐵道故事

作者 楊浩民
編輯 邱昌昊
美術設計 劉錦堂

發行人 程顯灝
總編輯 呂增娣
主編 李瓊絲
編輯 鄭婷尹、邱昌昊
黃馨慧、余雅婷
美術主編 吳怡嫻
資深美編 劉錦堂
美編 侯心苹
行銷總監 呂增慧
行銷企劃 謝儀方、李承恩
發行部 侯莉莉
財務部 許麗娟、陳美齡
印務 許丁財

出版者 四塊玉文創有限公司

總代理 三友圖書有限公司
地址 106台北市安和路2段213號4樓
電話 (02) 2377-4155
傳真 (02) 2377-4355
E-mail service@sanyau.com.tw
郵政劃撥 05844889 三友圖書有限公司

總經銷 大和書報圖書股份有限公司
地址 新北市新莊區五工五路2號
電話 (02) 8990-2588
傳真 (02) 2299-7900

製版印刷 卡樂彩色製版印刷有限公司

初版 2016年07月
定價 新台幣320元
ISBN 978-986-5661-77-9(平裝)

國家圖書館出版品預行編目(CIP)資料

鐵道・祕境：30座魅力小站╳5種經典樂趣，看見最浪漫的台灣鐵道故事 / 楊浩民作. -- 初版. – 台北市：四塊玉文創, 2016.07
面； 公分
ISBN 978-986-5661-77-9(平裝)
1.火車旅行 2.台灣遊記 3.鐵路車站

733.6 105011145

SAN YAU
http://www.ju-zi.com.tw
三友圖書
友直 友諒 友多聞

車站紀念章

車站紀念章常見於日本、台灣的車站，讓旅客在鐵道旅行中留下美好印記。一九三一年，日本福井車站首次設置紀念章；一九三二年，日據時期的台灣也跟著引進，但光復後全面廢止，直到近年鐵道旅遊興起，才重新設置。目前全台有百餘座小站設有「小站巡禮紀念章」，不妨一一拜訪收集。

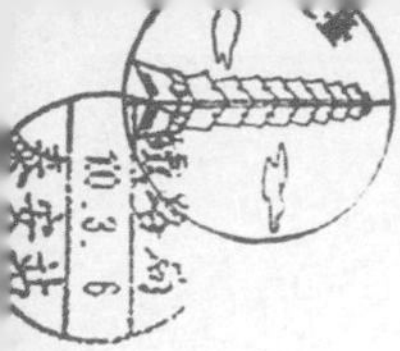
10.3.6

復興號
快車
布見不散
TRC台灣鐵道故事館是以台灣製造、文化創意為定位，販售地方文化融合特色之設計商品為主。
facebook 台灣鐵道故事館
Taiwan souvenir
FORMOSA
台灣鐵道故事館
Taiwan Railway Company
0800-777-918
www.tr.net.tw
FB粉絲頁
台灣鐵道購物商城

廣告回函
台北郵局登記證
台北廣字第2780號

地址：　　縣/市　　鄉/鎮/市/區　　路/街

段　巷　弄　號　樓

SANYAU

三友圖書有限公司　收

SANYAU PUBLISHING CO., LTD.

106　台北市安和路2段213號4樓

SANYAU
三友圖書
讀書俱樂部

購買《鐵道・祕境：30座魅力小站╳5種經典樂趣，看見最浪漫的台灣鐵道故事》的讀者有福啦，只要詳細填寫背面問券，並寄回三友圖書，即有機會獲得台灣鐵道故事館贊助之特別好禮！

「環島台灣旅行布地圖」
市價300元 乙份（共乙名）

活動期限至2016年9月12日止，詳情請見問卷內容。

本回函影印無效

四塊玉文創╳橘子文化╳食為天文創╳旗林文化
https://www.facebook.com/comehomelife
http://www.ju-zi.com.tw

【黏貼處】對折後寄回，謝謝。

親愛的讀者：

感謝您購買《鐵道・祕境：30座魅力小站╳5種經典樂趣，看見最浪漫的台灣鐵道故事》一書，為回饋您對本書的支持與愛護，只要填妥本回函，並於2016年9月12日前寄回本社（以郵戳為憑），即有機會抽中「環島台灣旅行布地圖」乙份（共乙名）。

姓名＿＿＿＿＿＿＿＿ 出生年月日＿＿＿＿＿＿＿＿

電話＿＿＿＿＿＿＿＿ E-mail＿＿＿＿＿＿＿＿

通訊地址＿＿＿＿＿＿＿＿

臉書帳號＿＿＿＿＿＿＿＿ 部落格名稱＿＿＿＿＿＿＿＿

1 年齡
□18歲以下 □19歲～25歲 □26歲～35歲 □36歲～45歲 □46歲～55歲
□56歲～65歲□66歲～75歲 □76歲～85歲 □86歲以上

2 職業
□軍公教 □工 □商 □自由業 □服務業 □農林漁牧業 □家管 □學生
□其他＿＿＿＿＿＿

3 您從何處購得本書？
□網路書店 □博客來 □金石堂 □讀冊 □誠品 □其他＿＿＿＿＿＿
□實體書店＿＿＿＿＿＿

4 您從何處得知本書？
□網路書店 □博客來 □金石堂 □讀冊 □誠品 □其他＿＿＿＿＿＿
□實體書店＿＿＿＿＿＿ □FB(微胖男女粉絲團-三友圖書)
□三友圖書電子報 □好好刊(雙月刊) □朋友推薦 □廣播媒體＿＿＿＿＿＿

5 您購買本書的因素有哪些？（可複選）
□作者 □內容 □圖片 □版面編排 □其他＿＿＿＿＿＿

6 您覺得本書的封面設計如何？
□非常滿意 □滿意 □普通 □很差 □其他＿＿＿＿＿＿

7 非常感謝您購買此書，您還對哪些主題有興趣？（可複選）
□中西食譜 □點心烘焙 □飲品類 □旅遊 □養生保健 □瘦身美妝 □手作 □寵物
□商業理財 □心靈療癒 □小說 □其他＿＿＿＿＿＿

8 您每個月的購書預算為多少金額？
□1,000元以下 □1,001～2,000元 □2,001～3,000元 □3,001～4,000元
□4,001～5,000元 □5,001元以上

9 若出版的書籍搭配贈品活動，您比較喜歡哪一類型的贈品？(可選2種)
□食品調味類 □鍋具類 □家電用品類 □書籍類 □生活用品類 □DIY手作類
□交通票券類 □展演活動票券類 □其他＿＿＿＿＿＿

10 您認為本書尚需改進之處？以及對我們的意見？
＿＿＿＿＿＿＿＿＿＿＿＿＿＿＿＿

感謝您的填寫，
您寶貴的建議是我們進步的動力！

本回函得獎名單公布相關資訊
得獎名單抽出日期：2016年9月30日
得獎名單公布於：
臉書「微胖男女編輯社-三友圖書」：https://www.facebook.com/comehomelife/
痞客邦「微胖男女編輯社-三友圖書」：http://sanyau888.pixnet.net/blog

【黏貼處】對折後寄回，謝謝。